夢・それが三貴の原動力だった

—創業者 木村和巨と三貴学校—

表紙写真：昭和 62 年発行
株式会社 三貴 会社案内より引用

はじめに

出版の計画をスタートし、出版迄に漕ぎつけた期間がほぼ一年間でした。多くの社員、様々な関係の方々から寄稿して頂きました。そして、書籍のタイトルは「夢・それが三貴の原動力だった」と決まりました。表紙にある、空に向かって大きく真っすぐ立っている樹木の写真が、本のタイトルとマッチして印象的です。

寄稿して頂いたすべての原稿に共通していたのは、表現は様々にあるものの「感謝」と呼ぶことができると思います。それは、創業者の木村和巨氏、それぞれの上司の方々、部下の人たち、ともに働いた仲間たち、そして株式会社三貴に対するそれぞれの寄稿者の「感謝の念」であると感じられます。

本書は次のような三部構成になっています。

一部　創業者　木村和巨
二部　「三貴学校」と仲間たち
三部　三貴の歩み

このなかの二部は、五十名を超える三貴OB・OGの方々からの寄稿文を集めた部分です。読んでいて、「あ～そうだった！」とあらためて思い起こしたり、また何気ない文章から三貴在籍時の新しい発見があったりするはずです。

株式会社三貴は、社長であった木村和巨氏がまとめた「三貴のこころ」を中心に、世界一の企業を目指し、同じ方角を向いて働いた多くの社員がいました。

創業からわずか三十年、世界で古い歴史を持つ宝石業界で、宝飾品を中心とした企業として、売上高世界一を達成しました。すごいことだと思います。その組織の一員であったことは自らの「誇り」でもあります。

創業者である木村和巨氏がまとめた「三貴のこころ」を中心にして、猛烈に、一生懸命に学び、働いた結果でした。そして多くの逞しく鍛えられた人たちが「三貴学校」から育っていきました。

誰の人生にも「山」や「谷」が必ずあり、失敗や失望、挫折はつきものだと思います。そんな時に、この「夢・それが三貴の原動力だった」に目を通して、勇気や元気を貫いながら、また逞しく前に進んで行く為の本が、多くのＯＢ・ＯＧの協力のもと出来上がったとの確信を持ちます。

この度の出版が、末永くわたしたちの「心のふるさと」の記念碑としてあり続け、多くの会員の方々が集える三貴同窓会として発展していくことを出版編集委員会一同、こころから期待しています。

多くの三貴ＯＢ・ＯＧの方々の様々なご協力に感謝いたします。

木代　哲朗

夢・それが三貴の原動力だった
――創業者　木村和巨と三貴学校

第一部

創業者、木村和巨

木村和巨とはどのような創業者であったのか。多くの書籍、関連記事、内部資料から、更に、社員、寄稿文で構成しました。

創業者　木村和巨の生い立ちから二〇〇〇億円企業への歩み

牧野　有美

（拙稿執筆するにあたり、木村和巨氏が書き残した文章、木村氏の恩師である神澤惣一郎教授の書き残した文章を引用させていただきました。なお、木村氏の文章は――で始まり、神澤教授の文章は……（　）でくくっておきました）

はじめに

一九九四年（平成六年）四月下旬。

春の陽気を感じさせる日が増え、街行く人の顔も心なしか弾んでいるように見える。それでもまだ肌寒さを感じる箱根のとある会場に、この日、ダーク系スーツにネクタイ姿の男たちが集まっていた。

会場の重厚な絨毯の上には、糊のきいた真っ白なクロスをかけられたテーブルが幾重にも並んでいる。男たちは各テーブルに備えられた椅子に腰かけ、前方を注視している。

前方にあるのは、立派な屏風を背にして、白のクロスに覆われたテーブル。その卓上には、水の入ったカットガラスのピッチャーとグラスが、シャンデリアの光を受けてキラキラ輝いていた。

屏風の側には『纎研ファッションビジネス懇話会　第七回箱根セミナー』と太い文字で書かれた看板が見える。

纎研ファッションビジネス懇話会とは、一九八五年に発足した会員制のネットワーク組織で、会員数は一四〇社を超える。ファッションビジネスにかかわる企業トップが会員に名を連ねアパレル、合繊メーカー、商社、物流、小売流通など、日本のファッションを支えている企業で構成されている。

今日は、懇話会の会場を東京から箱根に移し、特別セミナーが開かれる日であった。ダーク系スーツの男たちの正体は、日本のファッションを支えている企業のトップだ。

独特の高揚感と緊張感に包まれる中、お決まりの司会者の挨拶が始まった。

「皆様、本日はご多忙のなか、かくも多数お集まりくださいまして、心より御礼を申し上げます。さて……」

司会者の講師紹介が終わると、会場が揺れるほどの拍手音が轟き、壇上に背広姿のひとりの男が現れた。年の頃は五十代半ばか。少し恥ずかし気にすっと静かに入ってきたその様子は、華やかな広告のイメージとは違って、地味で質素で静謐であった。

深夜のテレビを埋め尽くす「銀座ジュエリーマキ」のCM。耳に残って離れないキャッチーなサビと共に、外国人モデル美女がスタイリッシュにポーズを決める、華やかな広告という言葉がぴったりのテレビCMである。このテレビCMを知らない日本の成人はいないと言っても過言ではなく、夜のテレビでは、番組が変わっても、チャンネルを変えた先でもこのCMに出合う。圧倒的な広告量で、抜群の知名度を誇る「銀座ジュエリーマキ」は、当時の宝飾品マーケットを席巻していた。

この「銀座ジュエリーマキ」をはじめ、複数の宝飾品やアパレルブランドを展開しているのが株式会社三貴である。一九九四年には売上高が二〇〇〇億円を上回っていた。

一代でこの巨大ファッション企業を作り上げた総帥の話を聞こうと、ダークスーツの男たちは固唾をのんで、その登場を待っていたのであった。

穏やかで自信に満ちた眼差しを聴衆に向け、「今ご紹介に預かりました木村です」と、壇上の男が簡単な挨拶をすると、会場に再び大きな拍手が巻き起こった。

微笑みながら拍手の音が小さくなるのを待ち、彼は静かに話し始めた。

「私がこの業界に入ったのは恩師の影響でございます…」


木村和巨。

独自のマーケティング理論により、ファッションジュエリーという新しいマーケットを生み出し、二〇〇〇億円を上回る企業を育て上げ牽引する、時の人であった。

創業者。求道者。理想家。情熱家。理論家。

木村和巨氏の人となりを伝えようとすれば、右のどの言葉もあてはまる。けれど一言では言い尽くせない。二〇〇〇億円企業を目指して突っ走った木村和巨とはどのような人物だったのか。

青雲之志

木村氏は一九三九年（昭和十四年）七月二日東京で生まれた。

東京都内の小学校に通う頃、朝鮮戦争が起きる。毎日、朝鮮戦争の記事を新聞で見てノートにファイリングし、自分なりの感想を綴るような子どもであった。

――なぜ戦争が起きるのだろう、どうしたらこんな戦争を無くすことができるのだろう。そうだ世界が一つになったらいいんだ、世界連邦を作ったらいいんだ。

思いついた木村少年は、自分の一生はこのために送ろうと決意し、小学生ながら資料をせっせと集めたという。そこで、すでにアインシュタインが世界連邦の提唱をしており、広島や長崎に世界連邦促進準備委員会というものが設立されていたことを知る。

――学ぶということをしないで自分勝手に思い込むことは、なんと惨めで情けないことか

わが生涯を賭けようと思ったことが一瞬にして崩壊し、彼は打ちのめされた。なんとも情けなく、自分の勉強不足を惨めに感じた。

そして、とにかく勉強しよう、勉強しなきゃだめなんだ、とその時強く思ったという。

しばらくして、中学校に進学する。

中学時代は、ともかく受験勉強をし、いい高等学校へ入り少しでも偉くなろう、そして自分が感じたこと、思ったことをいつかは実現できるようになろうと自分なりに考えていたという。

そんな木村少年だが、身体が弱く、公立高校に進むことを父親が許さなかったそうだ。早稲田高等学院に入学したのは、政治家になりたい、そのためにはまず新聞記者になってから政界に立候補するのだという構想を自分なりに描いてのことだった。

その高校時代に、造船疑獄事件が起きた。政治家になりたかった木村少年は、政界にたいしての自分の希望、夢が全部たたき潰されたような気持になり、毎日悶々と悩み続けたという。悩みに悩み、勉強も手につかなかった。

――勉強もせず、朝寝坊夜更かしばかりしていたところ、親爺が怒り出し、「お前みたいな馬鹿者は出ていけ」と叱られました。出ていけと言われたのでそのまま家を出て長野の山奥に引っ込んで、一人で悩み暮らしました。

その挙句

――もう自分の夢が無くなったんだから死んでもかまわん、この首をつって死んでしまおう。

と、思い詰めて山へ入ったそうである。しかし死にきれず、生きようと思い直して東京へ帰った。そして、それ以来、気が狂ったように山歩きを始めた。生きようと思い直して戻ってきたが、どう生きていいかわからない。ただ、必死になって重いザックを背負い山の中を歩き回っていると、自分が生きているという実感が体の中に湧いてくるのを感ずることができるようになったという。それが山歩きに熱中した理由だった。

大学へ進学する時もまた悩んだ。どうしようかと迷いながら、

1960年5月15日群馬県みなかみ町大峰沼キャンプ場にて（後列1番左が木村氏）写真提供 堀越武夫さん

――政界を捨てたんだからじゃあ商人になろう。

と決意して、早稲田高等学院から、そのまま早稲田大学の商学部に進むことにした。しかし、勉強はせず山歩きばかりしながら、一体どうしたらいいのだろうと悩んでいた。大学時代はワンダーフォーゲル部に所属しての山歩きであった。なお、早稲田大学のワンダーフォーゲル部は、サッカー部やラグビー部と同様に正規の体育会に属し、厳しい戒律と激しい訓練が課されるクラブであったという。

大学時代は何に悩んでいたのか。一体どうしたらいいのだろうか。混迷が深まるばかりだったようだ。本人の弁を借りると、こうである。

――私には正直言って何ができるのだろう、それが一番大きな不安でした。

そんな時、松下幸之助氏が書いた本に出合う。

――松下幸之助先生の書物で「今の物質文明の社会では、もうすでに大きくなる会社はみんな大きくなってしまっている。そして膨大な管理機構というものが生まれている、と若い人たちはおっしゃる。そして私たちがいくら頑張っても、いくら努力をしてもどうにもならない社会機構ができちゃったんだと、そういうふうに若い人はおっしゃる。でもこの豊かな今こそ、若者にとって無限のチャンスがある時代はないんだ。誰でも努力すれば、誰でも願えば叶う時代で、これほど恵まれた時代はないんだ。若者は大志を抱き、そして大いなる野望を持って生きなければならない」といった意味のことを書いておられるのを読んだのです。これで勇気づけられ、そうだ私にもできるかもしらんと。

松下翁の言葉に勇気づけられ、なんとか学生生活を送ることができた。

しかし、大学を卒業する時にまた迷い悩む。

――それでも大学を卒業する時に自分の人生に迷いが生じ、政治家になろうかそれとも実業界に入ろうか、悶々としながら行く方向が定まらず、もうしばらく学校に残ろうということで大学院の商学研究科修士過程に進みました。

その大学院生時代の昭和三十八年、早稲田大学の八十周年記念行事が行われ、出光佐三氏が大隈講堂で講演をした。その時、木村氏は大学のワンダーフォーゲル部の海外遠征で台湾へ行き、日台親善登山隊として山登りをしていたという。帰国後に後輩から「素晴らしい話を聞いたよ」と出光佐三氏の著書『人間尊重五十年』を手渡されたところ、あっという間に読み通してしまった。

——そうだ私はこういう生き方をしよう。出光先生によれば企業とは芸術のようなものである。たくさんの人々が一人一人素晴らしい人格を持ち、そして様々な考え方を持った人々が集まった有機的な結合体、まさに企業というのは芸術のようなものであるかもしれない。私は政治家の夢をすてたけれども出光先生が描くような一人一人の社員が幸せな生活を送れ、そして多くの人々に、多くのお客様に喜ばれ感謝されるような、そんな企業体ができれば、それはまさに芸術のようなものではないだろうか。それだったら私も人生を賭ける価値がある。

熱い思いを抱いた木村氏は、ついに大学院を飛び出してしまう。思いが募り、大学院でマーケティングの研究をしている場合ではないと、いてもたってもいられなくなってしまったのである。大学院での論文のテーマは「わが国における最適流通システムとは何か」だったが、それを書き上げるのではなく、現場で研鑽を積むことを選んだのであった。

そして「なんでもいいから仕事をしたい」と、まずは父親の経営する宝飾事業会社に身を置くことにした。しかし、父親と言っても社長は社長である。社長としての経営方針があればそれに従わねばならない。けれども彼が理想に描いた企業は、父親の経営理念や思想、方針とはまったく相容れなかった。後継者として自分に期待している父親の気持ちを感じつつも、一年半で退職を選択する。

ほどなく不動産会社に中途入社した。山歩きが好きだったので、自然を開発するような仕事がしたいという理由であった。しかし彼は研修三日目にして、その企業の在り方に疑問を感じてしまう。役員に質問したが、まともに答えが返ってこない（と彼は思った）ため、渋谷にある会社の本部を訪ね、社長面談を願い出るが、叶わない。総務課長と押し問答になり「入って三日やそこらで何がわかる」と言われて反論する。

――一日でもわかるものはわかります。今のような経営をやっていたら必ずこの会社はつぶれてしまいます。つぶれる会社にあなたは人生を賭けようというのですか。

結局理解してもらうことはできず、そのまま辞めることにしたのであった。

——世の中には、なんとひどい会社が多いのだろう。なんと残酷な企業が多いのだろう。こういう会社を何とか叩き直し、指導できないものか。

そう考え、コンサルタント会社に入社することにした。しかし、そこは彼の思い描いていた場所ではなかった。

——ひどい企業経営者がたくさんいることを思い知らされた。経営者の意思決定や考え方が悪い故に泣いている従業員がいると思い、役に立とうと努力はしてみた。しかし、経営者に向かって何回も諫めれば諫めるほど、遠ざけられ寂しい思いをした。

ショックを受けることがもう一つあった。それは、コンサルタント会社入社後に会社で受けた知能テストの結果であった。自分は優れた頭脳の持ち主であるとの自負があり、「俺には能力がある、努力すれば何でもできる」と信じていた木村氏は、世間並の知能指数であるという結果を申し渡され、大きなショックを受けたのである。

コンサルタント会社で仕事を続けながら悶々と悩み、だんだん仕事も何も手につかない状態になっていく。

そんな時に、再び松下幸之助氏の著書に出合う。そこには「経営者は馬鹿でもできる。でも、誰よりに熱心でなければならない。熱心さにかけては誰にも負けてはいけないんだ」との記述があった。その言葉が活字として目に入った時、彼は思った。

――そうだ、私にはできることがたくさんある。誰よりも熱心であるということだったら、私にもできるかもしれない。誰にでも誠実であろう、これも努力すればできることだ。どんな人にも好意を尽くす、これも私にできることだ。人間、考えればできることがたくさんあるのだから、よし、私はこれからこうやって生きよう。

それは、コンサルタント会社を半年で退職する決意につながった。大学院時代に出光佐三氏の著書に刺激を受けて自分が考えた理想の企業を作ろう。政治家の道は捨てたが、幸せな社会を作っていこう。自分が小学校の時に考えた世界の平和に何等かの形で貢献できるに違いない。思いはふくらんでいく。

――何もなくていい、私一人でもいい、とにかく何かを始めよう。

しかし、いざ仕事を始めようとすると、出てくるのは不安や恐怖である。

――誰よりも熱心であることはできる、誰にでも誠実を示すこともできる、けれど世間並みの頭脳しかない自分、能力のない自分に本当にできるのか。ノイローゼ状態になり、何とかしなくてはと催眠術の勉強をし、自分で自分に自己催眠をかけ、自分に自信をつけさせる暗示を毎日与え続けた。

同時に、優れた経営者や英雄と言われる人の本を片っ端から読んだ。一日三冊のペースで毎日読み続けたという。

一か月くらいで徐々に立ち直っていく。

――よし、私もやるぞ。必ずやってみせる、そんな闘志がわいてきたわけです。それでは私は事業をやろうと。

心の中で目標一千億円と決めたが、とりあえず人に言うのは「売上目標二十億円」とした。自分の蓄えから五十万円を資本金として会社を設立。文京区の自宅の勉強部屋を事務所にして、株式会社三貴がスタートした。

三貴設立

昭和四十年四月二十六日、資本金五十万円にて株式会社三貴を設立。宝石の卸売業である。大学の友人や後輩を訪ねて自社にスカウトするところから始まった。

――私は馬鹿だ、馬鹿でもできることはある。馬鹿でもできるためにはどうしたらいいか。私よりも優れた人達がわが社に来てくれればいいんだと、そう思いました。

第一号社員が入社した時には机もなかった。自室の勉強机の引出し上二段が自分、下二段が入ってきた社員の分というような状態だった。しかし木村氏は熱く語る。

――我々には何もない。得意先も商品も。人は二人だけ。だが我々には夢がある、理想がある、希望がある、我々が正しいと信ずる人生観がある。この思想こそ我々の財産だ。だからどんなことがあってもくじけないんだと言い続けていました。

設立はしたものの、お得意様も仕入先もない。一軒一軒、仕入先・材料屋・メーカーを捜し歩き、玄関に座り込み、頭を下げて、作ってくれるようお願いをする日々であった。そうやって、作ってもらったものを持ち歩いて、今度は小売店を一軒一軒回り、現金で買ってもらう。そして、また材料を買って商品を作る。月に何十回もその繰り返しで回転させながら、夢中で仕事に取り組んでいた。

結婚式を挙げたのもこの年であった。失業中に婚約をしていた木村氏は、この年の十月三十日に結婚式を挙げたのだが、なんとその日に手形が不渡りになってしまう。その額は、六七〇万円。資本金の約十三倍の負債を抱えた計算になる。さすがの木村氏も真っ青になる。

――私にはどうしていいかすべがわかりませんでした。借金だらけだ、どうしたらいい。正直言って頭を抱え込み、体を丸くして床の上をゴロゴロ転げ回っていました。

途方にくれた木村氏は、ひたすら歩き回る。そしてある夜、母校の大隈講堂の前をグルグル歩き回っていた時にハッとしたという。

――そうだあの松下幸之助さんも、この大隈講堂で講演された出光佐三先生も、ナポレオンだってシーザーだって、みんな私より苦労したんだ。世の中で英雄と言われる人々は皆死ぬ思いをしてきたんだ。確かに私は借金だらけだ。でもこれ以上の苦しみを、偉い人達はしてきた。そうだ、これは天が与えてくれた教えだ。私に頑張れと言ってくれたんだ。この苦しみを、辛さを乗り越えたならば、私は英雄になれるかもしれん。神様が、天が、自分に与えてくれた試練なんだ。商売を始めてたった半年の私にこれだけの試練を天は与えてくれたんだ。これほどの神様の励ましはない。ありがたいことだ。よし明日から頑張るぞ、そう思い、気持ちが晴れ晴れとしました。

腹をくくった人間は強い。木村氏は、飲みに行こうと一人だけの社員を連れ出し、お茶の水のバーにて、会社に残っている大枚三万円を全部使い果たす。

――「さあ、私達には何もなくなった。あるのは私とお前の二人、少しばかりのお得意様と、我々を助けてくれる仕入先だ。だからゼロよりはいい。二人で頑張ろう」と言ったのです。

部下、つまり一人だけの社員は「死ぬ気で頑張りましょう。私も死んだつもりでやります」と言ってくれた。手を取りあって励まし合い、それから気が違ったかのように、二人とも死に物狂いで働いた。
仕入先も助けてくれた。儲かったら金を払ってくれたらいい、商品をどんどん作ってあげるから売りなさいと言って、他の仕事をストップして三貴のために商品を作ってくれた会社があった。「このまま材料を持っていったらどこでも現金になる。俺が安くするから、これを使いなさい」と言って、一番いい商品を二割もディスカウントして大量に渡してくれる材料屋もあったという。

友人にも励まされた。結婚後、月一万一千円で妻と二人で生活していた木村家に、友人の米屋が毎月米を届けてくれた。後輩が味噌と菜っ葉と肉と酒を持ってきて「木村さん、ちょっとだけガス貸してや、皆で一杯飲みたくなったから」などと嘘を言って、慰労会を開いてくれたこともあった。

木村氏はますます意欲をたぎらせ、十一月、十二月、まさに死に物狂いで働いた。結果、十二月三十一日を迎えたときは借金はゼロになっていた。何をどうやったのか自分でも皆目覚えていないという。ただ、朝から夜中まで、部下と二人で、気が狂ったように働いていたことだけを覚えているような状態だった。
借金に片が付いたところで、木村氏は部下を連れて出かけた。給料をもらうこともなく、みすぼらしい背広とヨレヨレのネクタイで必死で働いてくれた部下に、背広一着とワイシャツとネクタイを購入するためだった。支払いを終えて、残ったのは千円札一枚きりだった。

その日、除夜の鐘を聞いた時、木村氏は、生きているって素晴らしいとしみじみと感じたという。白いご飯が食べられることはどれほど幸せでありがたいことか、と改めて感じ入り、天に向かって手を合わせた。この時の除夜の鐘の音は、何とも言えない響きだったという。こうして、事業開始の年が終わった。

疾風迅雷

――それからは、ただがむしゃらに一生懸命仕事をするだけ。毎日毎日朝から夜中まで仕事をすることが私の生き甲斐であり、社員と共に目標にむかってぶつかり、夢に向かって走ることが私の喜びでありました。

そして三貴は、木村氏の指揮の下、猛スピードで走りだした。

一九六九年(昭和四十四年)　ジュエリーマキ一号店を東京・大井町に出店

一九七三年（昭和四十八年）　石油ショック。翌年から不況が本格化
一九七七年（昭和五十二年）　経営発表会で一〇〇億円企業を目指すと明言（一〇〇〇億円への第一歩）
一九七九年（昭和五十四年）　売上・利益ともに宝飾業界日本一となる
一九八〇年（昭和五十五年）「世界一へのスタート」宣言
（当該年度のグループ総売上実績約四〇〇億円）
一九八一年（昭和五十六年）　世界一に向かって本格的にスタート
（当該年度のグループ総売上目標六〇〇億円）
一九八三年（昭和五十八年）　売上目標一〇〇〇億円とする
（二〇〇〇年時点の売上目標　一兆二千億円、経常利益二千億円）

軌跡を数字で表すと次のようになる。

昭和四十五年、つまり設立後五年にして、売上高三億六三〇〇万円、昭和五十年に三九億円、昭和五十一年が六二億六三〇〇万円、昭和五十三年が八六億八九〇〇万円、昭和五十四年が一八〇億円、昭和五十五年が四〇〇億円、昭和五十六年が四五〇億円。創業時に二〇億円を昭和六十年の目標としたものが一〇年以上も早く達成されたのであった。

店舗数は、昭和四十五年は一〇店であった。昭和五十年は八〇店、昭和五十五年は二二〇店、昭和五十六年は三二〇店となった。社員数も、昭和四十五年は五〇人、昭和五十年は三五〇人、昭和五十四年は一五〇〇人となっていた。

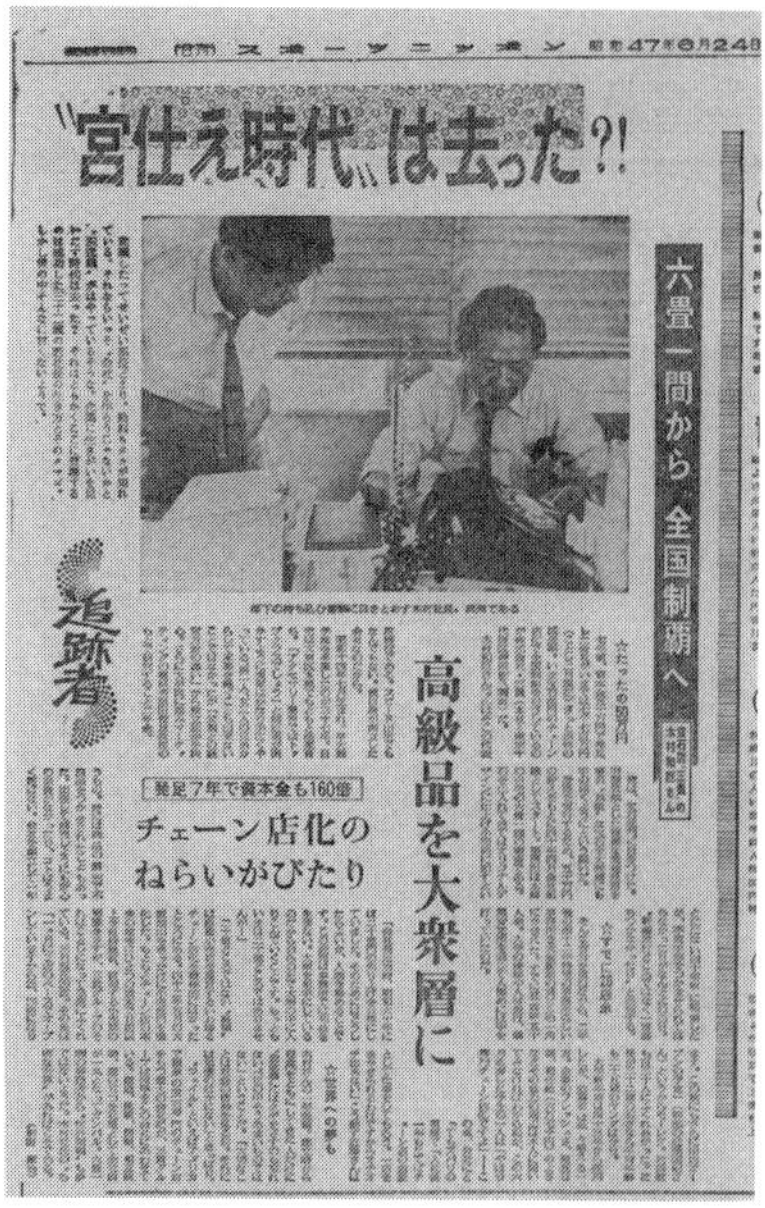
"宮仕え時代"は去った?!
六畳一間から全国制覇へ
追跡者
高級品を大衆層に
発足7年で資本金も160倍
チェーン店化のねらいがぴたり

昭和47年6月24日スポニチ掲載

世の人は、驚異的な急成長だと驚いた。不況の折には奇跡的だとも言われた。しかし、木村氏の頭の中では、奇跡ではない。彼は、明快な理論をもって、宝石業界に足を踏み入れた。マスコミからダイナミックな成長と表現された発展は、理論構築の上にあったのである。

木村氏は、一九八八年（昭和六十三年）に、インタビューに答えてこのように言っている。

――会社設立からしばらくの間は、セールスマン、店舗、売場面積、扱い商品を増やしさえすれば、量的拡大ができた時代です。オイルショック（一九七三年）の前後から戦略を変える必要を感じ、販売網投資、広告投資を日本一の水準にすればトップに立てるとの仮説を立て、それで走りました。まず論理を構築することに全力投球し、あとはそれに沿って走ったわけです。

企画から製造・小売りまでバーティカル・インテグレーション（垂直統合システム）を特徴としていることについては、宝石の場合、最初から材料を仕入れ加工をしていましたが、当初は卸どまりでした。ところが時代の変化に合うよう小売店を指導しても言うことを聞いてくれない。チェーンストアの勉強をして、自ら販売店つくりをするしかなかった。流通経路が複雑怪奇なので、合理化しなければ規模の拡大ができなかったのです。

三貴が宝石の小売部門に進出したのは昭和四十四年（一九六九年）。チェーンストアの研究をして、自ら販

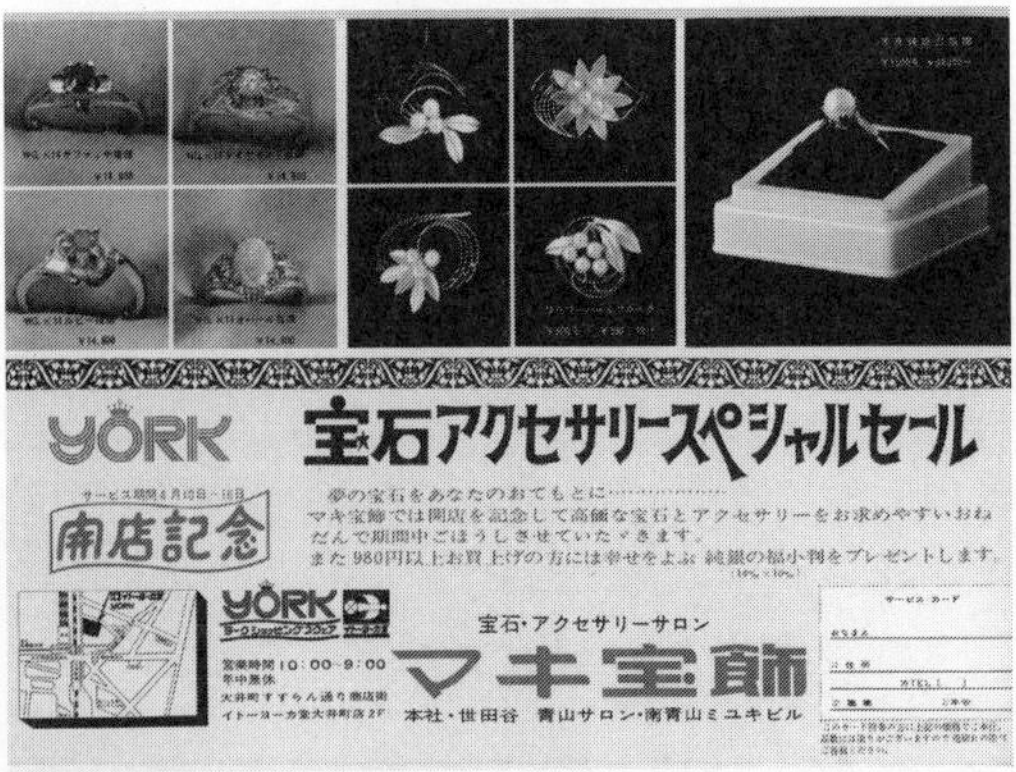

昭和 44 年マキ一号店大井町店開店チラシ

売店つくりをした「ジュエリーマキ」の一号店は、昭和四十四年、東京・大井町のイトーヨーカ堂の中、買い物かごをぶら下げた主婦が行くスーパーの中に誕生した。グレードが高すぎて宝石の進出は不適格とされていたスーパーに乗り込んだのである。

宝石業界の人々は、木村氏のやることに目を回し、常識外れだと陰口をたたいた。業界の常識を破るとんでもない人間だと批判した。しかし、木村氏は動じない。彼には自信があった。主婦もＯＬも女子学生も宝石を欲しがる。需要がある。需要がある以上、適切な売り方をすれば必ず売れると考え、宝石業界の既成概念を打ち破ったのである。実際、周囲の冷たい視線をよそにこの店は大成功した。

また、その時点でお金がなくとも、夢である宝石を買えるように、ローンを取り入れた。当時は珍しいことであって利用者は少なかったが、今では現金買いよりもローンでの売り上げが大きい。そして、最初は歯牙にもかけなかった同業者は、当然ながら今ではローン・クレジット販売を取り入れている。

起業家が理論を持ちビジョンを有するのは当然のことだと木村氏は言う。なお、同業の宝石商にはそれ等を持たない人が多いと彼は考える故か「何も得るところがないから」と、まったくと言っていいほど同業者と付き合わない。業界団体の日本ジュエリー協会にも加盟せず、異端児的存在ともいわれたが、つまらないつきあいで時間をつぶすのなら、一冊でも多く本を読みたい、勉強したいと思うのが木村氏なのである。考えに考えて、整然と筋道の通った理論を立て、自分で出した理論にあくまでも責任を持つかわりに、理論に反することには一切首を縦に振らない人間でもあった。

そして、木村氏は金持ち相手の「濡れ手で粟」のような商売はしない。大勢の一般の客のために、良い品を、適正な価格で、汗水流して努力して販売する。三貴の社員は、高価な商品をポンと売って楽をするべきではないと考えているのである。

したがって、九十年代初め、年商一〇〇〇億円を突破した頃には、一〇〇名近い仕入先を熱海へ招き、経営方針などを説明する機会も設けていた。仕入先を見下すような態度をとる宝飾会社の社長も多い中で、仕入先を大事にしていると取引業者の目に映っていたという。

人の目に華々しい成功と映る中でも、木村氏の姿勢は変わらない。

一九八一年（昭和五十六年）にはこのように言っている。

――馬鹿だからこそ己を正しく見つめよう。そして、自分が今持っている力とはいったい何か、わが社の持っている人的資源はどの程度の水準であろうか、わが社の持っている経済資源としての資本はどの程度か、わが社の物的資源である商品は、わが社が蓄積した知恵はどの程度の水準なのか。マーケットは、日本の社会環境は今後どのように変化していくのか、国際社会の政治や経済はどのように変化していくのか。教えをいただかなくてはならない。

そして、以下は一九九四年（平成六年）、セミナーの講演での木村氏の談である。

――大学院での論文のテーマは「わが国における最適流通システムとは何か」というものです。それを書き上げなかった不逞の弟子でして、大学院を飛び出してしまった。その論文をなんとか仕上げて提出しなければならないのですが、いまだに出せないでいる。それを出すのが私の宿題となっているわけです。そんなわけで、今自分の頭を整理しながら仕事をしている最中です。

彼は、三十年たってもひたすらに理論を構築し続けていたのである。

獅子奮迅

あらためて三貴の歩みを確認してみよう。

一九六五年（昭和四十年）設立

一九六七年（昭和四十二年）（株）大阪三貴設立

一九六八年（昭和四十三年）（株）マキ設立

一九六九年（昭和四十四年）「銀座ジュエリーマキ」一号店を品川区大井町にオープン

一九七〇年（昭和四十五年）婦人服「ブティックジョイ」一号店を横須賀市にオープン

一九七一年（昭和四十六年）（株）ジェイ・ハウス設立

一九七二年（昭和四十七年）カメリアダイヤモンド発売

一九七三年（昭和四十八年）（株）ファニイ設立

「ファニイ」一号店を三島市にオープン

一九七六年（昭和五十一年）「銀座じゅわいよ・くちゅーるマキ」一号店をオープン

一九七九年（昭和五十四年）ＴＶＣＭ放送開始

一九八〇年（昭和五十五年）商品在庫売上管理ＰＯＳシステムを全グループに導入

（当該年度のグループ総売上約四〇〇〇億円）

一九九一年(平成三年)　ルシュプール ディアマンクチュール ド マキ　オープン
一九九二年(平成四年)　LF商品センター建設
一九九三年(平成五年)　新宿に大型路面店をオープン
一九九四年(平成六年)　グループ組織統合。
マキ、大阪三貴、ファニイ、ミキ・インターナショナル・トレーディング等別会社となっていた五社を三貴に組み込み。
これにより(株)三貴の単体売上二〇五四億円、店舗数一四三九店。
一九九七年(平成九年)　婦人服、子供服部門から撤退。宝石の小売に特化する。
二〇〇二年(平成十四年)　負債九〇〇億円を抱え、東京地裁より特別清算開始が決定される。休眠会社に営業譲渡した上で、事業を存続。
二〇〇九年(平成二十一年)　東京地方裁判所に民事再生法適用を申請し、負債総額約一一七億円で二度目の経営破綻。
二〇一四年(平成二十六年)　二度目の民事再生法適用申請、実質的に三度目の経営破綻。負債額約一二〇億円。

三貴が設立された一九六〇年代、一般の消費者にとって宝飾品は一生に数回購入するかどうかの贅沢品だった。それに対して木村氏は、洋服を買う感覚で女性たちが宝飾品を購入できるように、宝飾品をファッション製品として女性たちに提供することを試みた。そのためには、普通の主婦やＯＬでも買えるように低価格であり、日常の洋服に合わせられるようなファッション性が必要となる。そこで生まれたのが、大衆に向けたファッションとしてのジュエリーであるが、このマーケットに目を付けたことが、その後の三貴の成長の鍵になったといえるだろう。

着眼点がマーケットだったことは、その後の事業展開に弾みをつけた。ファッションジュエリーを求める女性の核となるのは三十代を中心とする層。仕事を持つキャリア女性の好む婦人服、既婚者で子どもを持つ場合には、その子供服といったように、同じターゲットに対し次々と別の商材を提供することができた。こうして婦人服の「ブティックジョイ」や子供服の「ファニイ」といった新業態を成立させていった。

また、それまでの宝飾品市場では想定されていなかった、大衆という新しいターゲットを創り出した三貴の戦略を活性化したのが、ＳＣ（ショッピングセンター）への出店である。ＳＣとは、複数の小売店舗や飲食店、美容院、旅行代理店などサービス業の店舗も入居する商業施設と定義されているが、それまで、近所の主婦が買い物に来るＳＣへ宝飾店が出店することは、考えられないことだった。大衆市場を取り込むのにはＳＣが最適な業態と判断した三貴は、一般の宝飾店が二の足を踏んでいる間に、急速に店舗展開した。もちろんアパレル部門の店舗も同様である。加速度的に出店ペースを上げていき、大規模小売店舗法が改正されＳＣ開発ラッシュとなった一九九一年（平成三年）頃には、既に大方の店舗配置を終えつつあった。それ以上の出店をする場合には、ＳＣ開発業者に対して好条件を優位に引き出しながら出店を重ねることができたようである。

ところで、バーティカル・インテグレーションと称される仕組みがある。一つの組織が生産から販売までを一貫して行い、他の製造・流通機構が入らない態勢のことである。垂直統合、直接生産販売などとも言われる。

企業が、自社製品を市場に供給するため、製品の原材料・部品の調達から販売に至るまでの一連の流れに沿って、工程を企業グループ内で連携し、事業活動の領域の上流から下流までを統合して競争力を強めるビジネスモデルのことをいう。「ユニクロ」を展開するファーストリテイリングや、百円ショップを運営するダイソーは、製品の企画、生産、販売のプロセスをすべて握った状態で経営し、垂直統合の好例とされる。

一九九四年（平成六年）、繊維・ファッション業界紙主催のセミナーに登壇した木村氏は、自社のバーティカル・インテグレーションの構築について講話を行った。

そのセミナーでは、フォワード・バーティカル・マーケティング、バックワード・バーティカル・マーケティング、フォアキャスト、コントロール、この四つの構成要素からマーケティング戦略構造を構築し、それをひたすら実行していくのが三貴のやり方であると語っている。リテール・マーケティングからマーケティングをスタートさせるべきだと断言した上で、三貴は、小売、卸、生産の機能を統合している企業であり、小売現場の商品構成はどうあるべきか、そこから全てのマーケティングが川上へ向かっていく仕組みとなっていること、需要を創造することが企業としての大命題であり、価格・品数・雰囲気の三つの条件がシェアを拡大するとの持論を展開した。

つまり、一九九四年（平成六年）、木村氏は、ファッション業界の人間を対象としたビジネスセミナーに招かれ講話する立場になっていた。彼は、宝石のみならずアパレルの分野でも独自のロジックに基づいて挑戦し、成功も失敗も含めて経験を積んでいた。「商品企画、製造、物流、プロモーション、販売までを一貫して行うＳＰＡ（製造小売業）を構築した、ジュエリー業界のみならずファッション業界での先駆者」と当時の木村氏を評した業界雑誌の記事が残っている。そのような評価を為される立場であったのだ。

ＳＰＡという業態は、元々は、一九八六年、米大手アパレルのＧＡＰの会長が自社の業態について説明した概念（Specialty Store Retailer of Private Label Apparel の略）に端を発するもので、製造小売業と訳される。日本企業では、「ユニクロ」や「ＧＵ」を展開するファーストリテイリングが、ＳＰＡの代表としてあげられることが多い。

既述したバーティカル・インテグレーションは経営学の用語である。ＳＰＡは元々アパレル産業固有の用語で、自前で生産まで行うアパレルブランドのことを指していたが、今日では、ＳＰＡ型の名前で、他の産業でも、製造小売りの統合モデル一般に用いられることが多い。

そのファーストリテイリングは、広報資料によれば、一九九六年（平成八年）に自社企画商品の開発体制の充実を目的として、渋谷区に東京事務所を開設したという。

商品企画、製造、物流、プロモーション、販売までを一貫して行うＳＰＡとしては、三貴の方が早かったと木村氏が強調していたとのを記憶している元社員がいる。当時の木村氏の立場からすれば、その言い分もさもありなんとも思われる。

同じく一九九四年（平成六年）、雑誌で三貴グループについて特集が組まれた。

その中で、三貴グループの成長の原動力は、木村氏独自の理論により、ファッションジュエリーという新しいマーケットを生み出してきたことと、木村氏の強力なリーダーシップによって、理論を理論にとどめておかず実現させる力であると書かれている。同時に、強力なリーダーといえども、企業規模は既に木村氏一人で見られる範囲を超えているのではないかということ、また、権限の委譲など階層的な組織づくりの進め方や自己資本率の低さなど財務状況の改善が課題だとも指摘されていた。

木村氏の強力なリーダーシップとは、木村理論の伝授に他ならない。木村氏は、全ての店員がワンパターンで売れればダイヤモンドが売れるという訓練システムを作るとともに、三貴流、つまり木村流を従業員に徹底する人事システムも作りあげた。

チェーンであるからこそ、三貴は店

マキ10店時販売チラシ

舗コンセプトやレイアウト、商品構成、接客方法、価格も一定である姿勢を貫く。それを最適化（マニュアル化）し、業務全般の単純化と標準化を推進した。販売員は定期的に実施されるテストで販売マニュアルの徹底度を試される。一字一句マニュアルにある通りの回答を書かねばならない。

店舗の商品の価格決定権も、本部である三貴にある。本部からの指示は絶対であり、例外は認められない。組織は、マニュアルを厳守することを徹底的に求められる。例えば、まだ定価で売れるからといって、本部からの値引き指示を守らなかったケースなどは、処罰の対象となる。

販売向けのマニュアルはもちろん、内勤の社員も含め全社員に木村イズムを伝える冊子「三貴のこころ」もマニュアルとして機能する。マニュアルを徹底させることで、マニュアルには社内ルールという側面も生まれた。企業理念、社内ルールに反する行為は、処罰の対象となり、降格人事も行われる。三貴流、つまり木村流を従業員に徹底する人事システムであった。

また、月に一回開催される店長会議には、店舗の数だけ存在する店長が全員集まり、木村氏は必ず顔を出す。課長、部長クラスの会議もすべて社長主催である。木村氏は三貴を牽引するために、強力な、甚大なリーダーシップを遺憾なく発揮していた。

とはいえ、時代は成長期から成熟期に移っていった。木村氏もビジネスデザインを転換しようとした。一九九七年（平成九年）にインタビューを受けた際には、厳しい現状と覚悟を語っている。概ね次のような内容であった。

――この商売を始めたころは、宝石は虚栄心の産物でしかなかった。しかし私はファッショングッズとしてこれを提起した。また、宝石は愛情を伝達する媒体、それを持つことによる自己主張であるという提案をし、ジュエリーを持たせるためのマーケティング戦略をやってきた。ところがお客様がジュエリーを持ってしまったら同じマーケティングは通用しない。戦略を変えなければならないのは当然だ。

――地域で一番大きな店、地域で一番の店数、地域一番の在庫量、地域一番の低価格、地域で一番きれいで広告量が多いなど、かつて自分たちを成長・発展させた戦略構図が今、逆に作用し始めている。量を背景にしたバーティカル・インテグレーション・マーケティングの実践による大量生産、大量販売が為されてきたが、今やどこに行っても同じようなものが売られているというマス・マーケティングのロジックそのものの崩壊を認識しなければならない。これから必要なのはスケールで計ることのできない潜在需要の開拓である。

――今は非常に厳しい状況の中にある。今まで通りの考え方の延長でやっていける時代ではない。大改革が必要だ。そこで一気に整理して宝石以外の分野を切り捨て、マネジメントと資金と人材の全てを集中させ、もう一度我々のブランドの価値を高めていくことにした。この改革に着手したショックは出ると思う。価値観の転換であり、企業としてのカルチャーの変革であるから、決して容易なことではない。しかし、この転換をやり遂げなければ企業としての明日はないのだから、いくら苦しくても避けて通ることはできない。


八年後の二〇〇二年（平成十四年）、東京地裁より特別清算開始が決定される。

営業権を新会社（株）三貴へ譲渡して債務を整理し、旧会社は（株）エムアンドアールエステートに商号変更して特別清算した。新会社の三貴は事業を再構築して規模を大幅に縮小して営業を再開することとなった。

荒野独歩

昭和四十年の会社設立時に、木村氏が掲げた社是を、昭和四十三年に一冊の本にまとめた「三貴のこころ」という本がある。その『三貴のこころ』で木村氏はこう述べている。

――悪とは自己の弱さに由来する一切のものをいいます。

木村氏の恩師、神澤惣一郎氏は、木村氏の「悪」の捉え方を踏まえながら、木村氏の内面を評したことがあった。

……（悪とは一般的には道徳や法律に反することであるが、これを見ると、彼は悪についてもっと深いところから捉えていることがわかる。このことは彼はいつも自己の弱さ――怠惰・狡猾・卑怯・責任転嫁・愚痴・弁解・利己主義・不親切等――との激しい闘いのあることを示している。彼の闘いの場が業界にあることは言を俟たないが、しかしもっと立ち入って考えると、自己の弱さとの闘いであったといっても良い。私はこの文書を読むと、彼の深い孤独を感じる。しかしこの孤独こそが、彼を偉大ならしめ、他に類を見ない、彼の強さの根源なのである。）

悪の捉え方だけではない。木村氏自身が話す言葉は、自己の弱さ――怠惰・狡猾・卑怯・責任転嫁・愚痴・弁解・利己主義・不親切等――に厳しく、心の中でいつも激しい闘いのあることが感じ取れる。

――私はこの十五年、業界我一人、アウトローで戦ってきました。創業時からこれまで非難、誹謗、中傷の中を生き抜いてきました。それらに正しきを以て堂々と耐え、やり通しました。正しいことをやり通せばやがてそれが主流となります。わが社を悪し様に罵ったこの業界で、今、わが社の真似をしない店があるでしょうか。

（一九八一年経営発表会にて）

心の中で激しい闘いをくり広げるにとどまらず、現実社会でも闘いの連続である。勝つことを目指し、正々堂々と真正面から受けて立つ。苦しくても耐え、正しいことをやり通せばそれが主流となると信じ、やり抜く。これが彼のやり方である。だから、狡猾・卑怯・利己主義から派生するような事柄、例えば不正については容赦ない。商品の宝石に手を付けた社員がいたならば、裁判に持ち込んでも会社の損害分を取り返そうとする。会社の損害というよりも、不正、自己の弱さに由来する一切のもの、つまり悪を許すことができないのだろう。

先に紹介した「三貴のこころ」には、木村氏の思い、その言葉の解釈が記されている。創造から始まり、挑戦、信頼、相互扶助、愛、遅刻、出勤簿、労働対価、企業と組織、組織、仲間、信念、叱るということ、笑い、教育者、他利即自利、奉仕、因果応報、資本、資金、仕事、評価、賞罰、妥協、悪、個人と全体、人を恨むこと、知識、時の流れ、友を励ますこと、おごるのは恥という、多種多様な項目に分かれている。変わらず理想としてずっと掲げられてきたのだから、これらの言葉は、木村氏の根本精神であると考えて間違いないのだろう。

その一部を紹介しよう。

●創造

人はいつも可能な限り高い目標をもちたいものです。高い目標があってこそ、私達は毎日の工夫や研究があり、問題意識も生まれます。創造力とは目標達成への執念の結果生まれるものです。

●挑戦
小市民的な平和ではなくルネサンス的な平和。困難や抵抗に対する戦いをいどむ心こそ進歩の母なのです。あなたがあなた自身の成長を欲するなら、あなた自身の心の安寧や平和を求める前に戦闘を求めるべきです。

●信頼
人は信ずる所に救いがあり、信ずることができた時初めて幸福な生活を得られます。信頼される自分でありたいと思う一方、人を信ずることができるような努力が必要です。信する事の幸せを知ろう。それが不可能を可能にする源泉です。

●相互扶助
助け助け合いの精神のことです。およそ私達は自分一人ではこの世の中に存在し続けることかできません。また長い人生において、自分が常に優れた最高の人物であり続けることも難しいのです。組織はお互いの欠陥を補完し合いながら完璧なものになるのです。

●愛
私達に必要でありながら実際には難しいものはありません。愛とは美辞麗句や甘言を呈することではありません。愛の偉大さはむしろ厳しさにあります。ライオンが我が子を谷につき落すような雄々しい愛こそ、私達の求むるものではないでしょうか。人は愛によって育てられ愛に守られてこの世を去るのです。私達は終生「愛」の何たるかを求め続けて苦しみ、努力するものなのです。

●賞罰

善意から発した失敗を責めてはならない。人は失敗を経験することによって成長するものだし、また勇気をもって創造的活動をしようと思えば、必ず失敗はあるものです。それは良き経験となり、将来の成功の礎となるでしょう。しかしながら悪意をもってなしたる事実は、たとえそれがどんなに小事であろうとも、私達の組織は厳罰をもってのぞみます。悪の根は小事の時に勇断をもってのぞむことこそ良い組織を維持する原則であります。

●悪

悪とは、自己の弱さに由来する一切のものをいいます。

先に、「悪」の捉え方について、恩師・神澤惣一郎氏の見解を紹介したが、木村氏の単なる恩師として神澤氏を紹介すると語弊がある。神澤氏は恩師の域を超え、木村和巨がひたすら尊敬し信じ抜く対象、超越的絶対者として存在していたのであった。

哲学者である神澤氏は、名誉教授として早稲田大学を退任するまで、商学部にて教鞭をとり、木村氏が熱中したワンダーフォーゲル部の指導者でもあった。

「三貴のこころ」の原点は神澤氏の教えであると、木村氏が明かしたことがある。木村氏は、大学在学時から神澤氏を心から尊敬し、その教えを理解しようとした。企業を率いるようになっても姿勢は変わらず、神澤氏を信じ、師の教えを自身の生き方で具現化しようとした。神澤氏と木村氏の双方を良く知る関係者は、木村氏を貫く姿勢は、信仰という表現にふさわしい次元だと感じていたという。

なお、神澤氏は、一九九七年に最後の著作として出版された書籍「哲学と人生」（株式会社ライブ）にて、人間は自己の職責を通してのみ人間社会にかかわることができると述べている。木村氏が話す言葉には木村和巨の生き方・理念・思想が色濃くにじむ。けれどその土台に神澤氏の教えがあることは看過できない。

ところで、神澤氏の目に木村氏はどう映っていたか。神澤氏が書き残した文を紹介する。

……（ワンダーフォーゲル部は、日本の山野を四季を通じ渡り歩くことを主たる目的としている。早稲田大学ではサッカー部やラグビー部同様正規の運動部に属し、厳しい戒律と激しい訓練が貸されている。木村君の持っているロマン性と開拓性とひたぶる激しさは全くワンダーフォーゲルそのものであるといってもよい。むしろ彼のこの資質がワンダーフォーゲル部を選ばせ、それに熱中させたのではないか。)

……(「わたしはさすらい人(ワンダラー)であり、登高者(ベルグスタイガー)である。わたしは平坦なところを歩くことを好まない。これからも、たとえどんな運命や体験がわたしを訪れようとそこには常にさすらいと登高があるだろう。」

これは、ニーチェの「ツァラトゥストラかく語りき」に出てくる言葉であるが、この言葉は木村君について語っている言葉のように私は思えてくる。木村君は卒業後、業界という大荒野の中に一人で入っていくが、そのさまよいの歩みを見ていると、学生時

1961年5月16日長野県佐久穂町八千穂高原にて。(後列中央が木村氏)前列右から二人目は早稲田大学教授神澤惣一郎氏 写真提供 堀越武夫さん

代のワンダーフォーゲルの延長線上にあるように思えてならない。彼は平坦なところを歩むことを好まない。息を切らせ、息を弾ませながら、登高を続けるワンダラーなのである。）

……（木村君と同期に卒業した人達の多くは有名企業に就職している。一方、木村君は卒業後、業界の荒野に一人でさまよい出た。（中略）ここには明らかに二つの人生がある。大きなものに頼りながら自分を活かそうとしている人生と、頼むのは自分だけという人生である。また困難を避けて平坦な途を歩いて行った人生と、途のない荒蕪な原野にさまよい出た人生である。）

……（「三貴のこころ」を読むと、木村君はビジネスの修羅場にありながら、むしろ険しい求道者であることを感じさせる。）

さて、木村氏は、一九七七年（昭和五十二年）の経営発表会において、社員に向けて文書を出している。ここにその全文を紹介する。

——昭和四十九年から本格化した長期不況は我社をも巻き込み、その間、不敗の態勢整備と生存を賭けて、激しい闘いを強いられた。

そして我社は外部経済の混乱を目前にしながらも、ここに「不況の終末を宣言する」。

もはや三貴グループに不況はない。我々には、一人一人のたくましい野心と闘志、類いまれな創造意欲、高い道徳心に補強された信頼、我々にある三貴の経営理念は、ついに不況を克服し、まだまだ続く世の中の不況に対し、現在、ここに勝利を収めた。私たちに心がある限り、無限の未来への挑戦を可能にし、そしてその抵抗を克服する力を与えてくれるだろう。人間の英知と努力ほど尊いものはない。また、これほど、美しくダイナミックなものを私は知らない。


この三年間私は多くの教訓を得た。人の力を、心を、誠実さを、たくましい知力を、そして荒々しいダイナミックな闘争心を。

私は深く心に刻んでおかねばなるまい。三貴グループの同志たちは、私が心から尊敬し、誇るにふさわしい人々であったことを。そしてその魂は何人も金銭に変えることのできない偉大な力を持ち、それを超越する力があったことを。

この三年間、私に権力を集中させ、そしてただそれをひたすらに許し、ついてきてくれた人々。今日を迎えることができたのは、実にここに列席する勇将たちを持つことによってであり、これなくして私は、何ほどのことも成し得なかったことであろう。
私はここに誓わねばなるまい。私が尊敬し、信頼する人々のために、私の一生を捧げ、私の命の代償として無限の企業のバイタリティーを作り出すことを！

その四年後、木村氏は社員に向けてこうも伝えている。

――企業は人々の平和や安寧、幸せのために存在することを許されています。（中略）私は文化という産業を通して、少しでも平和なうるおいを人々に、人々の生活にもたらしたいと思います。幸せのための戦いです。不幸のための戦いをやめ、世界が豊かな愛情で結ばれるとき、我々は人々の幸せに寄与することができると考えるのです。

また、社団法人公開経営指導協会にて木村氏が講演した際には、次のように語っている。

――私が今まで歩んできた中で邂逅した、極めて教訓的な言葉の中に「真実を見よ」

と言う言葉があります。
「真実を見よ」つまり虚飾をもって物事を見てはならないという教えをいただいた。その教えにしたがい、自分がああしたい、こうしたい、偉くなりたい、大きくなりたい、儲けたい、景気が良くなってほしい、売り上げが上がってほしい、そう思って物事を見るのではなくて、現実をいつもつぶさに冷厳な目で、虚心坦懐に見ることができれば、現状も将来も展望することができるのではないか。そのように私は自分自身に言い聞かせている最中でございます。

木村和巨氏の心の中をどこまで周囲の人々は理解していただろうか。

社員による、三貴の盛衰と木村和巨社長に関する考察

松谷　稔哉

私が三貴に在籍していたのは、一九八八年（昭和六三年）～一九九二年（平成四年）までの僅か四年ほどですが、その後の人生を決定づける重要なポイントだったことは否めません。三貴で過ごした時間は、それ以前にもそれ以後にも経験したことのない、濃密な時間でした。幸運にも私は三貴の最盛期に、創業者である木村和巨社長に直に接するセクションで仕事をしました。日々の業務時間は十五時間に達し、休日も満足に取れず、神経が休まる瞬間がないほどに緊張を強いられる毎日でしたが、それにもかかわらずあまりある価値があったと言えます。

時間は、だれでも平等ですし、またどんなに苦しい時も楽しい時も均しく時間は流れています。しかし、時間は主観によって伸び縮みします。体験した内容や、それらと結びついた意識や感情によって、記憶の深さは変わります。

また、リアルタイムで経験しているときには、重苦しく辛く感じていたはずのできごと

が、ある程度時間が経過してから振り返ると、意外にも有意義な思い出として記憶されていることも少なくありません。こうした事象は「記憶の熟成」と言えるものでしょう。

また主観的な記憶に、客観的な事実が混ざり合うことで、記憶の一部分が強化されたり、脳の中で印象操作が行われたりして、密度が変化するだけではなく、本質が変性して記憶されていることもあります。

三貴での記憶も知らず知らずのうちに、「記憶の熟成」が脳の内部で起きているのかもしれません。これは私個人に限ったことではなく、多くの三貴ＯＢ・ＯＧの方が自覚していらっしゃることではないでしょうか。


さて、一九八八年〜一九九二年は、日本経済が、史上最も踊り浮かれていた「バブル景気」に当たります。日経平均株価も不動産価格も百貨店の売上高もアパレルや宝飾品の市場規模も、その後何十年かかっても破られることのない史上最高の業績を更新し続けていた時期でした。戦後、日本は、東西冷戦の隙間を縫うように、官民挙げて消費財の生産への投資を最大化することで、敗戦直後の焼け跡と荒廃の中から驚異的な復興を果たし、高度成長を成し遂げました。二度にわたる石油ショックの影響で成長率が鈍化した時期はあったものの、その後も日本経済は発展を続け、最後の打ち上げ花火となったのが「バブル経済」だったのです。

バブルの頃、「二十四時間働けますか？」という栄養ドリンクのコピーが流行しましたが、確かに長時間働くなどして努力しさえすれば、成果に結びつく時代が高度成長期以降、バブル期までは続いていていました。しかし、バブル崩壊後は、努力と成果は、必ずしも正の相関とは言えなくなってしまいました。

思い返すと、木村社長は、供給が需要を上回る日を予見し、そのための戦略をシンプルなスローガンとして、全社戦略の中に取り入れていました。方向性は正しいので、努力さえすれば必ず仮説通りの結果が得られるはず、これが、経験則として木村社長の脳裡に刻まれていたのに違いありません。しかしバブル崩壊によるマーケットの変化は、木村社長の予測を遥かに上回るスピードと規模で起こったと思われます。

矢野経済研究所の調査によると、一九九一年に約三兆円だった日本の宝飾品市場規模は、五年後の一九九六年には二兆円を割り込み、十年後の二〇〇一年には一兆三五〇〇億円へと、ピーク時の半分以下に縮小しました。これは世界のどんな経済学者もエコノミストも予測できなかったほどの急速かつ不可逆的な変化でした。

皮肉なことに三貴は、バブルが弾け、自らのピークを過ぎた直後の一九九三年、ジュエラーとして売上高世界一の企業になりました。栄耀栄華は崩壊し、世界一になってから九年後に、特別清算により解散し、事実上の倒産となったのです。

創業以来、急成長を続け二〇〇〇億円もの売上を計上するようになった企業が、その僅か九年後、事実上の経営破綻を余儀なくされるなど、他にあまり類例がないように思います。にもかかわらず、三貴も忘却の淵に沈みかかっております。だからこそ、急成長の秘密と、破綻のきっかけとその道筋を明らかにすることは非常に大切だと思いました。

また因果なことに、私は三貴を退職後、自ら宝石関連の会社を興すことになりました。自分が創業経営者という立場になってみると、ともかく不安でなりません。そこで木村和巨社長の考え方を整理し直してみることにしたのです。

三貴在籍時、「無限の創造へ」や用語集、社長報告や会議出席時に使用していたノート、MRSTの資料等を引っ張り出して読み返しました。もちろん、商品企画部の一係長に過ぎなかった私の断片的な知識では、それらを再構成しても、三貴の急成長の秘密や木村社長の深淵な考えに迫ることは到底できないのは重々承知しています。それでも、三貴に在籍した期間が短かったからこそ持つことができた客観的な視点や、他の業界にない宝石業界の特性や、一九六〇年代～一九七〇年代にかけての日本の宝飾品マーケットの変化等を総合すると、三貴の急成長と破綻に至る道筋を少しは明らかにできたように思います。

三貴の急成長は、経済、社会、法律、技術などの外部要因、それに木村和巨社長の考案し実施してきた経営戦略という内部要因に分けると、それらの相乗効果もよく理解できます。

外部要因のうち、経済分野においては、高度成長期の到来と持続であり、社会分野に関しては中流と呼ばれる新しい消費者による圧倒的な購買力の向上です。そして法律分野においては、ダイヤモンドなど裸石（ルース）の関税撤廃（輸入自由化）がエポックメイキングな出来事でした。

そして技術分野においては、生産と販売に起きた、ふたつのイノベーションが宝飾品マーケット急拡大の要因となりました。

ひとつは一九六〇年代、ロストワックス製法の開発と普及です。これにより「大量生産」が可能になりました。それまでは貴金属装身具技能士など熟練の職人により、ひとつひとつ丹念に手作りされたジュエリーが中心でした。手作りではどれだけ需要が増大しても、生産体制が追いつきません。大沢商会や平和堂貿易など輸入商社型のジュエラーが隆盛を誇ったのは、供給の不足を輸入で補おうとしたからです。しかしロストワックス製法の普及により、原型さえつくれば、短期間に、同一品質のジュエリーが何千本でも生産できるようになり、それこそ、宝石業界における「産業革命」と言ってよいほどの変革でした。

とは言え、大量生産技術が確立しただけでは、流通在庫が積みあがるだけで、消費者の手には届けることはできず、市場規模の拡大には直結しません。大量生産の次には、大量販売の仕組みが必要でした。

ロストワックス製法の普及からしばらく時間が過ぎた一九七〇年代に入り、マスマーチャンダイジングチェーンストアシステムにより、「大量販売」体制が整備されます。これによりロストワックスによる大量生産との一体運用がはじまり、初めて市場規模を拡大できる素地ができ上がったのです。

言うまでもなく、「販売」における革命を推進したのが三貴です。三貴が小売店を出店するまで、宝飾品は百貨店が独占的に扱っていた商材でした。それが、駅ビルやファッションビル、スーパーにまで一気に販売店として展開されるようになり、飛躍的に店舗数が増加し、宝飾品の市場規模も拡大していきました。経済、社会、法律、技術の四つの要因が、一九六〇年代から一九七〇年代に出揃い、それらを最大限生かして急成長したのが三貴だったのです。

私が三貴に在籍中、木村社長自らホワイトボードに書いて説明された二つの仮説があります。ひとつは、「あるマーケットの成長期において、店舗出店投資を最大化した企業は、当該マーケットにおける成熟期以降のシェアを最大化し、コストを最小化する」というものです。私が入社した一九八八年の朝礼時のスローガンは、「一〇〇〇店舗、一〇〇〇億円を目指して」だったと思いますが、すぐに「三〇〇〇店舗、三〇〇〇億円を目指して」に変更されました。一店舗当たりの売上高を最大化し続けることができれば、当然ながら、店舗数、または売り場面積は多ければ多いほど、全体の売上は大きくなります。

もうひとつは、「あるマーケットの成長期において、広告投資を最大化した企業は、当該マーケットにおける成熟期以降のシェアを最大化し、コストを最小化する」というものでした。深夜のスポットCMの集中大量投入は、消費者の夜型シフトというライフスタイル変化にも合致し、全国の消費者に対し、「カメリアダイヤモンド」の知名度を急速に拡大し、三貴のCMで使われた曲がヒットしたことによって、一躍、人気アーティストに躍り出た歌手は、十人や二十人では効かなかったでしょう。CMの深夜時間帯の集中放映戦略もまた、革命的な手法でした。

このように木村社長の、店舗網投資の最大化と広告投資の最大化は、絶大な効果を上げていたと言って過言ではありません。しかも、三貴は単に店舗数を増やし、広告に資金をかけただけではありません。マスマーチャンダイジング・チェーンストア・システムを効率的に運用するため、「CCM（コンストラクチャル・コンセプト・マーケティング）の構造」という独自の経営の仕組みを構築していました。CCMは、現代のアパレル業界売上高世界トップ３（インディテクス、ファーストリテーリング、H&M）が採用する、SPA戦略（スペシャルティ・ストア・リテイラー・オブ・プライベイトレーベル・アパレル）の原型とも言える経営の仕組みです。こうした仕組みを、木村社長はリミテッドなど、アメリカのファッションチェーンストア企業から学び、三貴の経営に積極的に取り入れていました。

バブルのピークの頃、木村社長は、「やがて、日本のあらゆるマーケットに成熟期がやってくる。その時、他社に対し競争優位性を保持するためには、成長期である今のうちに必要な手を打ち、必要な投資を行なって、準備しておかなければならない」が口癖のようでした。そのための準備が、これまで述べてきた通り、CCMの構造を基礎とする組織であり戦略だったのです。

ただ、ひとつだけ疑問を呈するならば、社長の仮説の最後のワンセンテンスにある、「コストを最小化する」という下りです。婦人服や子供服などのアパレル部門では成立しますが、宝石部門に限って言えば、トップシェアの企業が必ずしもコストリーダーシップ企業になれるわけではないということです。

例えば、同じデザイン、同じ長さ、同じ重さのゴールドネックレスを十本仕入れる場合と、一万本仕入れる場合、一本あたりの仕入れ単価はほとんど変わりません。また、同じ

4C（カラット、カラー、クラリティ、カット）品質のダイヤモンドの裸石を、十ピース仕入れる場合と、一万ピース仕入れる場合では、十ピースだけ仕入れる方が、一ピース当たりのコストは低くて済むのです。

宝石商品企画部で作成していた商品構成では、マキとイルエルのすべての店舗に、売価二九九八〇〇円~四九九八〇〇円のキャラ石のリングとプチペンダントネックレスを陳列するよう決められていましたが、店舗数が増えると調達数量も増加するため、計画時の原価では仕入れられないことの方が多くなってしまったのではないかと思われます。

つまり三貴の宝飾部門は、知名度が向上し店舗数が増えた分、売上は増加したものの、コスト面においては獲得したマーケットシェアほど恩恵を受けることができなかったのではないか、と思えるのです。

こうした中、一九九一年を過ぎる頃から、三貴の戦略は、オンリーワンとシャンパンタワー戦略を組み合わせたル・シュプール・ディアマンクチュール・ド・マキのオープンや、東京の上野本店を皮切りに全国に展開していくことになったスーパーストア（超大型店）の出店、ウェッジウッドやマッピン&ウェブなどの老舗ラグジュアリーブランドの買収などへと広がりました。

これらはいずれも競合他社に対する圧倒的な差別化戦略であるが、投資額が莫大で回収までに要する期間も長大にならざるを得ないリスキーな戦略でもありました。LF部門（婦人服、子供服）でも、千葉県成田市周辺に広大な土地を購入し、巨大な物流センターと社宅を建設する計画が進んでいました。郊外のまとまった土地の買収は、バブル後期のゴルフ場開発とバッティングするので、資金的にかなり無理をしなければならなかったはずです。

このような次世代三貴のビジョンを実現するための投資計画が進行する中、バブルが崩壊する日がやってきます。金融、不動産、流通業など、あらゆる業種・業態が、バブル崩壊という時代の波に翻弄されていきます。三貴も、それまでの大進撃が嘘のようにぴたりと止まり、ゆっくりと、しかも確実に、業績が下降し始めました。木村社長の経営能力をもってしても、業績のベクトルを上向きに戻すことはできなかったのは周知の通りです。バブル崩壊直後の一九九三年、三貴は売上高世界一のジュエラーとなったものの、僅か数年後にはLF部門の閉鎖という大リストラを余儀なくされます。三貴のLF部門は、ファーストリテーリングに先駆けて、アパレル業界で世界一を目指すために必要な基本的なビジネスの仕組みを完成させました。先ほど触れたCCMの構造とも関係が深いのですが、運用面を熟成させるためのノウハウと時間が足りず、収益化させることができずに閉鎖されたのは、本当に残念でなりません。LF部門を閉鎖しても、三貴の業績は継続的に上向かせることはできませんでした。株式の上場計画も進んでいましたが、それも頓挫しました。

そしてついに二〇〇二年、特別精算し、事実上の経営破綻に至ります。

そのニュースを伝える当時の新聞や経済誌には、「一九八〇年代、深夜にスポットCMを集中的に流すことで急成長した㈱三貴は、バブル景気の終焉が契機となった経営環境の変化に対応できなかったため、経営破綻に至った」、と書かれていました。


これまで述べてきたように、三貴の経営破綻の原因は、バブルのピーク以降に行なった投資が重すぎ、キャッシュフローを著しく圧迫したことにある、と私は思います。先述したように、一九九〇年以降の三貴の戦略は、投資額が巨額で、回収までに非常に長い期間を要するものが多かったからです。最初に新規分野への過大投資からキャッシュフローに問題が生じ、次に本業で利益が出せなくなり、やがて売上も下降し始める、という負のサイクルに陥ってしまったのです。外部要因が急激かつ大幅に変化してしまっているので、小出しのリストラではこの悪魔のサイクルからは容易に脱することはできません。おそらく木村社長の経験から考えると、「石油ショック並みの経済危機がやってきた」というものだったのではないでしょうか。だとすれば、長くとも二年ほどで危機を脱することができますし、急落した株価や不動産価格は、その後、反騰し始めるはずです。この経験則に基づいて、一九九一年以降、不動産の買い上げを強化していったように思えます。

そして三貴のもう一つの経営破綻理由は、「木村和巨氏という天才的なマーケティング・アーティストが経営全権を掌握していた」ことにあります。

少し補足すると、木村社長が、①創業社長であったこと、②経営者に必要とされる能力の中で、特にマーケティングに秀でていたこと、③性格を類型化すると、アーティスト型であったことにより、負け戦が決定しているにもかかわらず、敗戦処理を専門家に任せることができなかったことが挙げられます。

また経営者は、①拡大成長を志向するタイプと、②堅実安定化を志向するタイプとに大別されます。「拡大成長」は、営業やマーケティング出身の経営者が持っている指向性で、「堅実安定」は、人事・総務・経理などバックオフィス出身の経営者が指向するタイプです、言うまでもなく、木村社長は、「拡大成長」タイプの経営者でした。このタイプは創業者に多く、景気が拡大期にある時や、業界や製品のプロダクトライフサイクルが導入期から成長期前半にある時、類い稀な「創造性」を発揮して業界に革命をもたらします。ソフトバンクの孫正義社長や楽天の三木谷社長、ゾゾタウンの前澤社長などはこのタイプでしょう。

一方、「堅実安定」タイプは、過大なリスクを抑え、地道なコスト削減につとめる一方、社内外から広く知見を集めるなど、安定的・持続的に存続・成長できるよう考え行動します。

歴史の長い大企業では、景気の局面に応じて、一人の経営者が経営手法を変えるのではなく、経営陣を総入れ替えすることで、短期間にドラスティックな改革を行ないます。

ところが、過去四半世紀にわたり、強烈な成功体験を持っている天才的な創業者が君臨する三貴では、経営環境が劇変しても遺憾ながら、社長や経営手法を変更することなど不可能でした。

その上、木村社長はアーティストでした。アーティストにとって創造意欲の源泉は、強烈なパッションです。パッションの強さと作品から放たれるオーラは比例します。音楽にしてもアートにしても、理論や技法は教育によって身に着けることができますが、センスとパッションは教わることができません。芸術にとって、アーティストのテクニックとセンスとパッションが作品の良し悪しを決めるのと同じように、会社経営にとって、創業者のパッションが、その企業の成長を決定する重要なファクターなのです。木村社長の強烈なパッションが三貴を急成長させるエンジンとなり、皮肉なことにそのパッションが自己崩壊を引き起こす起爆剤になり得るのです。

私が退職する半年ほど前から、三貴の業績は時折り前年を下回るようになり、銀行からの資金調達に苦慮し始めていました。現実には、金融機関自体も自らの過剰融資によって、生死を彷徨うような状況にあったわけです。一九九二年春頃の業務推進会議において、必要な運転資金の調達が不調に終わったことが話題になり、木村社長が担当役員を一方的に叱責する場面を見かけるようになりました。おそらく創業以来、初めて、手を打っても業績が回復しない事態を迎え、木村社長はかなりの危機感と焦りを感じていたのではないかと推察しました。

やがて木村社長は、業績が回復しない原因を部下の責任に転嫁し、創業期から三貴の屋台骨を支えた役員や古参幹部社員の方々を次々に馘にし、あろうことか、その方々に対し損害賠償請求の裁判を起こすなど、自暴自棄としか思えない言動が目立つようになりました。

そうした話が三貴OBの間で話題になり始めてしばらくした頃、特別清算による事実上倒産の記事を目にする日がやってきたのです。ネットで「三貴事実上の倒産」という記事を目にしたとき、謂れのない虚しさが心に去来したのをよく覚えています。

もし二〇二〇年代の今、三貴が残っているとしたらどのような企業になっていたでしょう。少なくとも国内においては、一九九〇年頃の店舗数を現在も維持できているとは思えません。宝石部門は、ネット通販と店舗での販売を組み合わせ、これからかつての日本のように高度成長期を迎える国に、ジュエリーマキをブランド化して参入することができれば生き残っているかもしれません。また宝石の商品特性上、在庫日数が長くなりすぎる傾向が高いため、卸売機能の強化も必要だったと思います。かつての卸売と異なり、インフルーエンサーやライブ業者に商品を供給したり、業者間オークションを主催するという形態です。新商品を販売するためには、下取りや買取もまた必要不可欠な事業と言えます。ネットと実店舗の連携強化（オムニチャネル化）、グローバル化、卸と小売機能連携による商品管理の強化、リユースの強化などが、現代の三貴の宝石部門を創造するためのキーワードではないでしょうか。

一方、LF部門においては、一九九〇年当時に実現されていた、三貴版のSPAを論理的に推進していっていれば、生き残れる可能性は高いと思います。経営システム自体はほぼ完成していたので、グローバル展開を視野に、誰に向けてどんな服を、どのような品質と価格で提供していくのかということをもっと詰めることができれば、ファーストリテーリングを凌駕するアパレル企業になっていた可能性も否定できません。

もう日本には三貴のような企業が生まれることも、かつての木村社長のように、短期的な利益追求ではなく、高邁な理念の下、時代を透徹し、自らのエネルギーで未開のマーケットを切り拓こうとする経営者は現れないように思います。

改めて思うのですが、木村社長の事業構想力には驚嘆するしかありません。

三貴破綻の原因はこれまで述べてきたように、一九九〇年前後に起きた小さな、仮説と現実との間にできたズレの積み重ねに過ぎません。

木村社長は、比喩として「経営上の意思決定は、針にザイルを通すより難しい」とよく口にしていたのを思い出します。

最後ですが、この場をお借りして、木村和巨社長と三貴での日々に感謝を述べさせていただきます。誠にありがとうございました。

In Loving Memory of Kazuo Kimura, Founder of Miki Corporation, A Visionary Leader

Today, as Atul and I reflect upon our association and partnership with Kimurasan, our hearts are filled with emotions and gratitude.

Rosy Blue's association as a Company and Atul's and mine in particular with Kimurasan was from early 1980's, somewhere around 1983-1984. Both Atul and I have grown up and have built our careers together with the growth of Miki Corporation as the largest jewellery retailer in Japan. We are honoured to have known Kimurasan personally and professionally.

Kimurasan has left a lasting legacy in the Jewellery industry in the world and in Japan, in particular. He was an extraordinary individual who not only shaped the landscape of the jewellery industry but also left an indelible mark on the hearts and minds of all who had the privilege of knowing him. Kazuo Kimura, a true visionary and pioneer, took Miki Corporation to unprecedented heights, making it the largest jewellery company in Japan with the highest margins in the world. At the height of his career, Miki Corporation had more than 1,400 retail stores, and grew to become one of the largest firms in Japan with over 8,000 employees and sales of over 1,700 bn Yen. At one time in 1980's, Miki Corporations sales were larger than even Tiffany's!

Born with an innate passion for beauty and a keen eye for design, and with a graduate degree in commerce from Waseda University, Kimurasan embarked on a journey that would change the face of the Japanese jewellery industry forever. With unwavering determination and an unwavering commitment to excellence, he transformed Miki Corporation from a humble start-up into an empire of elegance and sophistication. Through his leadership and unrelenting pursuit of perfection, he cultivated a company culture that valued hard-work, innovation, craftsmanship, and customer satisfaction above all else.

Under Kimurasan's guidance, Miki Corporation became synonymous with exquisite craftsmanship and unparalleled quality, His unwavering commitment to sourcing the finest gemstones and precious metals through many partnerships with vendor community in Japan, India, Hong Kong, China and Thailand ensured that every piece ofjewellery bearing the Miki Corporation name was a testament to both artistry and luxury, Through his meticulous attention to detail, he elevated the standard of jewellery design, captivating the hearts of customers and collectors alike.

Amongst the many vendor partnerships, Rosy Blue was

one of the leading and important one. Kimurasan soon realised that he will need a robust supply in order to fulfil his ambition to be the largest Jewellery Retailer. Having understood India's capabilities of abundant cheap labour, proximity to diamonds and changing government policies which enabled jewellery manufacturing at SEEPZ in Mumbai, he partnered with us to kick start Inter Gold. With all our gratitude, we must acknowledge that without Kimurasan, there would not have been Inter Gold or for that matter jewellery manufacturing in SEEPZ, to the standards required by international markets. Kimurasan handheld us and Inter Gold, gave tremendous support and confidence, not only by giving orders but by sending even technicians and the technical know-how over 3-5 years.

There were times when we had missed order deadlines or had quality issues etc, but he always had a patient hearing, enabled a safe environment for us to discuss many such issues and more importantly supported us as his child and found solutions for us. Rosy Blue, Inter Gold and all of us are indebted to Kimurasan and his vision and belief in India and us.

Beyond his professional accomplishments and endeavours, Kimurasan was a man of integrity, discipline, and hard work.

He possessed a rare ability to connect with people on a personal level, inspiring and empowering his employees to reach their full potential. His ambition and burning desire to succeed left an indelible impression and motivated all who had the privilege of working alongside him.

Kimurasan's life is a testament to the power of dreams, perseverance, and the transformative nature of one person' s unwavering belief in themselves and their abilities. As we reflect on his extraordinary journey, let us celebrate the indomitable spirit of Kimurasan and strive to honour his memory by pursuing our own passions with the same tenacity and unwavering commitment to excellence and 'can do' attitude that he embodied.

Rest in eternal peace, Kimurasan. Your legacy will forever shine as brightly as the diamonds you so passionately cherished.

In bereavement,
Atul Jhaveri
Russell Mehta
Rosy Blue Group

三貴創業者で先見の明のあるリーダー木村和巨氏を心から追悼します

マネージングディレクター　ロージーブルーインディア
ラッセル・メタ

今、アトゥル（ロージーブルー日本法人の代表）と私は、木村さんとの諸々の関わりを振り返り、まず、感動と感謝の気持ちでいっぱいです。

ロージー・ブルー社のアトゥルと私の木村さんとの出会いは、一九八〇年代初頭、具体的には一九八三年ないしは一九八四年頃のことでした。アトゥルも私も成長し、日本最大の宝飾品小売業者である株式会社三貴の成長とともにキャリアを築いてきました。私たちは、木村さんと個人的にもまた実務的にも知り合えたことを光栄に思います。

木村さんは、世界の、とりわけ日本のジュエリー業界に永続的な遺産を残しました。彼は宝飾品業界の景観を形作っただけでなく、彼と出会う機会に恵まれたすべての人々の心に消えることのない足跡を残した並外れた人物でした。

真の先見の明のある先駆者である木村和巨さんは、株式会社三貴を前例のない高みに引き上げ、世界で最も高い利益率を誇る日本最大の宝飾品会社に成長させました。彼のキャリアの最盛期には、株式会社三貴は一四〇〇を超える店舗を擁し、従業員八〇〇〇人を超える従業員を抱え、年間売上高一七〇〇億を超える日本最大業の一つに成長しました。一九八〇年代の一時期、株式会社三貴の売上高はティファニーをも凌駕していました。

美への生来の情熱とデザインに対する鋭い目を持って生まれ、早稲田大学商学部で研鑽を重ねた木村さんは、日本のジュエリー業界の様相を永遠に変えることになる旅に出立しました。

揺るぎない決意と卓越性への決然とした取り組みにより、彼は株式会社三貴をささやかな新興企業から優美で洗練された帝国に変えました。彼のリーダーシップと完璧へのあくなき追求が、勤勉、革新、職人技、そして顧客満足を何よりも優先する企業文化を育成しました。

木村さんの指導のもと、株式会社三貴は、精緻な職人技と比類のない品質の代名詞となりました。日本、インド、香港、中国、タイのベンダーコミュニティとの多くのパートナーシップを通じて、比類なき見事な宝石と貴金属を調達するという彼の確固たる取り組みにより、すべてのジュエリーに最高級の品質が保証されました。

株式会社三貴という名称は、芸術性と高級感の両方を証明するものでした。細部への細心の心くばりによって、彼はジュエリーのデザインの水準を高め、顧客とコレクターの心を同様に魅了しました。

多くのベンダーパートナーシップの中で、ロージー・ブルーは主要かつ重要なパートナーシップのひとつでした。木村さんは、最大の宝飾品小売業者になるという大望を実現するには、強力な供給体制が必要であることと即断しました。

安価で豊富な労働力と、ダイヤモンド市場への近さ、そしてムンバイの経済特区SEEPZでの宝飾品製造を可能にしたインド政府の政策の融通性を理解していた彼は、私たちと提携して、インターゴールド社を立ち上げました。感謝の気持ちを込めて、木村さんの存在なしでは、インターゴールドも、さらに言えば、SEEPZでのジュエリー製造も存在しなかったことを認めなければなりません。

国際市場で要求される製品の基準があります。私たちとインターゴールドを担当してくださった木村さんは、発注のみならず、技術者まで派遣して下さり、三〜五年かけて技術上のノウハウを伝授していただくなどして、絶大な支援を賜りました。

注文の締め切りに間に合わなかったり、品質上の問題が発生したりしたこともありましたが、木村さんは常に忍耐強く話を聞いて、そのような問題について私たちが話し合うための安全な環境を提供してくれました。

そしてより重要なことは、木村さんの子供とも言える私たちをサポートし、解決策を見つけてくれました。ロージーブルー、インターゴールド、そして私たち全員が、木村さんとインドと私たちに対する彼のビジョンと信念に感謝しています。

専門的な業績や試みに加えて、木村さんは、誠実で、規律正しく、勤勉な方でした。木村さんは、個人レベルで人々と繋がる稀有な能力を持っており、従業員にインスピレーションを与え、潜在能力を最大限に発揮できるように力を与えました。

彼の大志と成功への燃えるような願望は忘れられない印象を残し、彼と一緒に働くチャンスに恵まれたすべての人にやる気を与えました。

木村さんの人生は、夢の力、忍耐力、そして自分自身とその能力に対する不断の信念などが、まさしく結実したものとなっています。

彼の並外れた生涯を振り返りながら、私たちは木村さんの不屈の精神を讃え、彼が体現していた卓越性と「できる」という姿勢と同じ粘り強さとこだわりを持って私たち自身の情熱を追求することで、彼の記憶に敬意を表するよう努めましょう。

木村さん、永遠の安らぎを。
あなたの遺産は、あなたが情熱的に大切にしてきたダイヤモンドと同じくらい明るく永遠に輝き続けるでしょう。

お別れにあたり

Atul Jhaveri　アトゥル・ジャベリ
Russell Metha　ラッセル・メタ
Rosy Blue Group　ロージーブルー・グループ

＊ロージーブルー社は、世界12カ国に拠点を持つ。デビアスのサイトホルダーにしてリオティント（ダイアヴィックやアーガイルを経営）の上顧客でもある。原石のトレード、研磨済みダイヤモンドの製造・販売、宝飾品の製造・販売と宝飾品の川上から川下までの（サプライチェーンにおける）世界で突出した巨大グループ企業です。

第二部

「三貴学校」の仲間たち

河野善四郎さんを中心に東京小売事業部のマネージャーたち

社員、三貴と関係のあった方々からの寄稿文です。

宝石卸　北海道勤務時代の思い出

足利　光

私が宝石卸事業部北海道営業所に転勤配属されたのは、一九七五年（昭和五十年）一月二十六日、雪降る日でした。その当時の所長大橋嘉二さんと東京より一緒に札幌に行き、その晩はご自宅に泊めていただきました。

広島県生まれの私は、北海道は生まれて初めての場所でした。最初にびっくりしたのは、路面は凍っているのに、皆普通に滑らずに歩き、それがスパイクされた靴を履いてることでした。（何故平気で歩いているのか？　経験の差なのか？と思いました。）着いたその日直ぐ靴屋さんに行き、革靴にスパイクしてもらいました。

二日目に用意してもらったアパートに行くと、大家さんが、暖房用のストーブの給油が明日になるので、今晩は我慢してくれと言われ、なんとか布団に包まって寝ました。

翌朝、起きて、昨晩顔を洗った洗面器を見てみると、円盤状にカチンカチンに凍っていたのが、二番目の洗礼でした。

上司の大橋さんに可愛がれ、営業指導もここまで任せるかという位任せてもらい、フォローもしてもらい、入社一年目で、なんとかやっていける自信がつきました。

北海道でジュエリーマキ一号店を出した時の思い出が強烈でした。

方針で直営店は出さないとのことで、開店半年前までFC候補会社A社に決まっていたのですが、契約違反をA社がし、急遽B社に再交渉。東京から河野卸部長に来てもらい、説得商談で解決してもらいましたが、結局B社も直前に辞退し、結果三貴初めての時計・宝石の商品構成の直営出店になりました。

出店場所は厚別副都心、ダイエーと専門店ゾーン・プラス行政機関の広大な商業地でした。開店前、その建築現場の工事用看板に従業員募集のビラを貼り、面接を二十六才の若輩で人事担当の仕事は初めてで何もわからず、緊張しながら、年少者なのでなめられたらいけない（笑い）と決して笑顔を出さず、緊張して採用の仕事をしました。

その後FCでジュエリーマキを六店　CDC（カメリア・ダイヤモンドチェーン）を十店開業させました。

宝石卸北海道営業所から一九八二年（昭和五十七年）に東京転勤、子供服の卸売所長↓店舗開発事業部↓宝石商品開発企画課長、一九八四年（昭和五十九年）に三貴を退社し、地元の広島に戻りました。

木村社長との思い出は、卸営業で初めて不渡り手形をもらい、その債権回収中、夜電話にて「元気出せ‼」とともにギターで一曲弾き語りで励ましてもらったことや、私が二十八歳頃、木村社長が極度の体調不良（後に劇症肝炎と判明）にも関わらず来道され、卸営業のフォローで時計宝石店の店主に経営指導講演中、急遽講演を河野部長に交代され、自身は羽田に戻られ、そのまま都立病院に緊急入院されました。

その際に医師を紹介し、診察ののち前述の内容になりましたが、数年後「命が今日あるのは足利のお陰だ」と言ってもらいました。

北海道卸営業所時代、私の次に転勤してきたのが木代哲朗さんでした。二人で帯広にジュエリーマキのFCを開店させた時、FC店オーナーのC商事社長宅に私・木代さん・小野君・他新人二人で、一週間お世話になり、毎日反省会しながら開業させました。

オープンセールで販売する際、細工伝票を使って、売上→売上内容記入→加工業者・売上台帳・客控え等の処理マニュアルが当時無く、二人で休みの日に喫茶店で長時間作成したこともありました。

又ある冬、河野善四郎部長が、営業指導で北海道に出張時、夜九時頃の飛行機で帰られる前の夕方六時頃、小野君と木代さんと私と四人で一時間位食事を御馳走になり、さあ河野部長帰られると店外に出ると、大雪で飛行機が欠航です。河野部長以外三人は大喜び（一緒に飲めるので）それから二時間位、楽しく飲食したのも思い出です。

三貴での最大の財産は月一回の所長研修と不定期な合宿研修会、経営発表会を通しての経営全般の体得でした。地元で小・中・高の同級生と会って仕事・人生観などの話をすると嗚呼、自分は十年三貴に在籍したけど、二十年分の経験をしたんだなと、つくづく実感しました。

一九八五年に広島で宝石卸を起業しました。（主に低単価）
過去の記憶頼りに、中国・山陰・四国・九州の時計・宝石店を対象に、スクラップ&ビルド、閉開店をきっかけに販売経営指導の営業をし、同時に広島県だけは卸売活動しないで、店名「ビジューアシカ」で小売店直営展開で最大五店舗まで展開しました。（その後小売り撤退、卸のみ継続）
二〇〇一年に、中古の立体駐車場を相場以下で購入（ここにノウハウ有り）その後六か

所で直営経営もしております。（駐車台数合計415台）

二〇〇七年に、チタン金属とゲルマニュームを使って「さわやか　ゲルマ　ブレスレット・ネックレス」をOEMで製造販売し、高島屋・東急ハンズを初め全国の小売店に売ってもらったのも、三貴のノウハウのお陰です。

木村社長は今でも年一～二度夢に出てきます。怒られる内容で、決して愉快ではありませんが、真剣に接してもらった結果だと感謝しております。

（入社一九七四年　退社一九八四年　在籍期間：十一年　在籍部署：東京卸事業部・北海道卸営業所・子供服卸東京営業部・店舗開発東京事業部・宝石商品開発企画課長・宝石商品細工担当）

今、思う事

飯嶋　多美子

私は、一九八〇年から約二十五年ほど、三貴の宝石部門でお世話になりました。

私の入社当時は、立っていれば売れるという「いけいけどんどん」の時代でもありました。そんな中でもマキの規則決まりは厳しく、木村社長の鶴の一声によって右といえば右、左とえば左　というようなスパルタ的な会社のありようでした。社員の入れ替わりも激しく、「宗教団体のようだ」と言って辞めていかれる方もいた位です。そんな中でも、私はどこか惹かれているところがありました。

店舗内に流れているBGMは必ずヒットし、一流の方によるコマーシャルは、日本中の人たちが目にし、耳にしたものでした。あらゆるところで時代の先端を走っている、そんなところが鼻高々だったことを思い出します。

やがてマネージャーとして店舗訪問をするようになり、県をまたいでの移動の際にはパンプスの音を響かせながら新幹線に乗り込み、膝の上には会社から一斉に支給されたノートパソコンを置き、カチャカチャと打ち続けたものでした。

当時女性でその様な人はあまり見かけない時代でもありましたので、そんなところにも

椿山荘にて　社長とのツーショット

夢と希望を抱き、
自信溢る貴方を
とても嬉しく思います。
二〇〇四年十一月一日
木村

店長会で写真撮影し後で頂いた葉書

カッコよさを感じている自分がいたように思います。

お蔭様で今つくづく振り返りますと、その後につく仕事には物怖じせず、どこにいっても働く事が出来ました。その根底には、木村社長の教えや厳しさの中で過ごせた強さが本当に生きづいていることを感じます。

木村社長にはお元気な時にこのような一社員の思いを是非お伝えしたかったです。

どうか素敵な本が出来上がり天国の木村社長の元に届きますことを心からお祈り致しております。

（入社　一九八〇年　退社二〇〇五年　在籍期間：二十五年　在籍部門：宝石部門　第一営業部）

三貴での思い出

石井　慈典

私は、今から二十七年前の一九九六年三月、新卒定期採用で株式会社三貴に入社した。学生時代、毎晩、繰り返し流される三貴のテレビコマーシャルの影響で、第一志望ではなかったものの、関心がある会社の一つであった。

母が大学時代、所属していたサークル（早稲田大学中南米研究会）の先輩に、当時、三貴の代表取締役専務をされていた河野善四郎さんがおり、母に頼み込んで河野さんを紹介してもらった。早速、池袋イーストにあった本部を訪ね、安井常務の面接試問を受け、入社が決まった。いろいろと事務手続きをしてくれたのは、総務人事部の青山さんであった。

同期は、東京、北海道、大阪、九州全体で四五〇人。仕事は厳しく、加えて独特な社風。理不尽に思うことは日常茶飯事であったが、それでも、テレビコマーシャルで誰もが知っている「じゅわいよ・くちゅーるマキ」というストアブランド、「カメリアダイヤモンド」という商品ブランド。そして、全国どこに行ってもお店がある、というのは、やはり誇らしかった。スーツの上衣の襟元には、恥じることなく毎日社章つけて出勤した。
一九九七年一二月に退職するまでの二年弱の間、東京のマキ一店舗、大阪のマキ三店舗を経験し、最後はストアマネージャーをさせてもらった。大阪小売事業部には同期が一〇〇人いたが、私が退職する時には、九十三人が既に会社を去っていた。

大阪では、河野副社長、尾中次長にはとくにお世話になった。いや、むしろ迷惑のかけ通しであった。岩坪次長や上向秘書役にもだいぶご心配をおかけした。正塚さん、椿さん、安原さんなどのゾーンマネージャーや、吉村さんや和田さんといったベテランのストアマネージャーのもとで働いた。とくに、姉御肌の藤堂ストアマネージャーのもとで働いたときや、若いストアマネージャーの兄貴分的な存在であった石田さんがゾーンマネージャーだったときはそれなりに楽しかった。

木村社長とは、在籍中、二度ほどお会いした程度であったが、一代であれだけの会社を作り上げただけあって、眼光は鋭く、社内で語り継がれている数々の逸話を聞いていたこともあり、怖い印象でしかなかった。
入社二年目の一九九七年、婦人服部門、子供服部門から撤退したことをきっかけに、三貴で働く私自身のモチベーションが低下した。ファッション企業に入社したつもりであって、宝石屋に入社したつもりはなかったからだ。企画、製造、物流、販売を一貫して行う仕組み、全国どこにでも商品を供給し、展開できるビジネスインフラは三貴の最大の財産だと思った。加えて、当時の知名度は抜群。店舗のイメージと、商品さえ変えれば、挽回は充分可能だったのではなかったかと、今もユニクロをみながら思っている。

ストアマネージャーの時、自社商品を買って店舗の売り上げを立てたりしていたので、退職する際、大阪から東京に帰る新幹線代に窮し、江坂の事業所に挨拶がてら河野副社長を訪ねて、旅費を借用して帰京した。今思えばとんだ失礼なことをしたものだと恥入るばかりである。副社長は辞める私に、「お金は餞別だから返さなくて良い。いつでも三貴に戻ってこい」と言って送り出してくれた。副社長のその温かいお言葉に、帰りの新幹線の車中、幾度も涙ぐんだ。

三貴を退職後、横河レンタ・リース株式会社という会社に入社した。会社勤務と並行して大学院にも進学した。新しい会社では一年間近く馴染むことができず、何度も三貴に戻りたくなった。当時の上司は「すぐ辞めてしまうのではないか」と案じていたようである。新しい職場の仲間とカラオケに行っても、三貴のコマーシャルで使われた曲ばかり歌っていた。半ば精神的に病みながら退職した会社なのに、不思議なものである。

その後、大学院で学位もとり、現在は、横河レンタ・リースの人事総務部長の職責にある。二〇一九年からは、社会福祉法人滝乃川学園の理事長も兼任し、三〇〇人弱の職員が働く組織のトップも経験することになった。その他、神奈川県立相模原中央支援学校運営協議会委員や、横河電機健康保険組合会議員、武蔵野地区特殊暴力対策協議会副会長なども兼務し、いつもハードワークである。紆余曲折のサラリーマン人生であったし、思い通りの人生を歩めたわけではないが、職業人として恵まれた人生だったと思っている。その原点はやはり三貴にある。三貴での厳しい環境を経験したからこそ、その後のサラリーマン人生も乗り切れてこれたのだと思っている。

唯一の心残りは、そのとき未熟な私の面倒をみてくれた諸先輩方に、何一つ恩返しができていないことである。退職するとき、とてもではないが、感謝の気持ちを持てる精神状態ではなかった気がする。それから二十五年、ようやく三貴で働いていた頃を懐かしむことができるようになった。この場を借りて、三貴在籍中に出会ったすべての方々に感謝申し上げたい。

（入社一九九六年　退社一九九七年　在籍期間：一年　在籍部署：大阪小売事業部宝石部門）

三貴で私が努力した事

板橋　良子

私は一九八二年（昭和五十七年）に、ジュエリーマキ南越谷店に入社しました。

マキ入社のきっかけは、元々、話すことが好きな事と私がお勧めした宝石やアクセサリーを身に付けて素敵に変身されるお客様を見たいと思ったからです。


ある日　朝礼の後に、初めて目にした社内報「道標」でした。

月間個人売上一千万円以上販売した人の名前（私の名前）が記載されていて、嬉しかったです。それと同時に販売係長という役職も与えていただき感謝です。

嬉しい反面、職位を維持する為に教えていただいたのは、売上を伸ばす事で、インセンティブが付くことです。


数字の自覚、自分の中に頑張る自分がもうひとりいました。

毎月、社内報「道標」に、自分が載り、努力の結果のご褒美を思い出します。

仕事に一層、熱が入り、月間個人売上一千五百万円上げた時は今でも覚えてます。毎日、目標の数字を追いかけた三十歳の時でした。

宝石が売れたのは、三貴学校の教育にありました。毎月、行われてた研修で学んだ事にあります。研修内容は決して易しいものではありませんでしたが、魅力的な販売員になるために多くの事を学ばせていただきました。

入社して三年が過ぎ、新店舗が次々にオープンして、頻繁に応援販売にも行きました。

その頃…テレビのコーマシャルもジュエリーマキが頻繁にあり、マキのＢＧＭが流れてました。

それは、「桃色吐息」の歌です。この歌は…今では、私の十八番♥

カラオケに行きこの唄を歌うと三貴を思い出します。

（左：板橋　　　右：殿村）

三貴で学んだことは今の生活の中でも活きてると感じることが多いので、三貴で働けたことは私にとり大切な宝になりました。

（入社一九八二年　退社一九八八年　在籍期間：七年　在籍部署：東京小売事業部　宝石部門）

ダイアン・レインに憧れて

江部　啓嗣

ある朝、広げていた日本経済新聞の目に留まったのは、大きくダイアン・レインの写真が載った求人広告でした。当時私は三十三歳。二人の子供と一人の妻を抱え、失業中の身でした。夜中にさかんにコマーシャルを流しているあの会社だ、と勢いを感じ、「ひょっとしたらダイアン・レインにも会えるかもしれない」という、妄想に駆られ応募したのです。

二度の面接後、特に採用試験があった記憶もありませんが、一九八八年（昭和六十三年）七月三日に入社が決まり、経理部に配属となりました。経営理念が明確で、「社是」があり、教育制度も制度化されていて、やはり勢いのある会社はちがうな、と感じました。また、今でこそ当たり前ですが、電話会議やPOSシステム、垂直統合、ファブレス経営など、当時としては最先端を行く企業であるとの印象を受けました。

一年もたたない翌年（平成元年）五月には大阪三貴に転勤になりました。大阪三貴での思い出は、「歌とリズムとファッションの祭典」大阪予選での会場探しに大阪中のホテルを歩いたこと。出店資金調達のために都市銀行のみならず、地方銀行の大阪中の支店を回ったこと。資金繰りがぎりぎりで月末の社会保険料の納付を遅らせるなど胃がキリキリする思いも度々でしたが、中でも一九九五年（平成七年）一月十七日に起きた「阪神淡路大震災」は強烈な記憶として残っています。

震災の三日後に「救援物資を届けるため」と称して水をトランクに積み警察から通行許可証をもらって、お店に商品の回収に行きました。中心部に近づくにつれ、家はつぶれ、倒れたビルがあり、怪獣映画のセットでも見ているような、現実とは思えない惨憺たる光景は今も脳裏に焼き付いています。沿道ではおにぎりや水を差し出してくれる人などがいて、ちょっとした罪悪感を覚えつつ、余震が続く中、地下階の店舗では真っ暗な店内で、ヘルメットをかぶり、ヘッドライトを照らしながら商品をかき集めたことを思い出します。

同年の四月に三貴の経理部に転勤となり、主計課として主に決算、税務を担当いたしました。決算期には監査対応、税務申告、株主総会招集通知の作成等、連日終電やカプセルホテル泊まり。三ヶ月休み無しのときもありました。それでも夢中で、あまり苦と感じたことは不思議とありませんでした。しかしながら、上場準備に携わっているうちに、メインバンクの破綻、主幹事証券会社の廃業、急速な業績の悪化、優秀と思っていた人たちの相次ぐ退職など、異変を感じ、違和感を覚え、結局一九九九年（平成十一年）六月十日に

11年間お世話になった三貴を退職いたしました。

誰しもが、三貴に在籍したことは、強烈な経験であったに違いありませんが、その中で、多くのことを学んだと思っています。MDPS心構え10ヶ条はのちにも常に心掛けていることですし、赤い小さな冊子の「三貴のこころ」は今でも時折読み返してみたりします。その他にも「具体的な言葉と数字で話すこと」「自分の周りはすべてお客様」「好きになること」「延長線上で考えるな」「常識を疑え」「苦と楽あらば・・・」などなど、退職後にも仕事の指針としてきたところです。

一九八五年のプラザ合意後におこった急激な円高と低金利政策によって、不動産価格や株価が高騰。日本経済は一気に拡大し、三貴の急成長はその勢いに乗ったこともあるかもしれません。しかし、一九九一年ごろから始まった「バブルの崩壊」はその後の日本経済をいまだに続く低迷に陥れ、残念ながら、三貴もその波に抗えなかったのでしょうか。私は、三貴を退職後、機械部品メーカーの小さな子会社に転職し、管理部門を任され、与信管理の制度構築にも携わった中で、信用調査会社から、三貴が二〇〇二年（平成十四年）十月に特別清算したことを知らされました。

三貴はなぜ破綻したのでしょうか。私にわかるはずもありませんが、変わってはいけないものが変わってしまい、変わらなければいけないものが変えられなかったのでしょうか。

「『続かない』ビジネスは『成功』ではない」、と何かの本に書いてありましたが、「進取の気性」を、もう、持つことが出来なかったということでしょうか。

しかし、三貴は一世を風靡しました。宝石のイメージを変え、ファッションとして、より身近に楽しめるものとしました。宝石業界への貢献にとどまらず、ファッション、広告戦略、音楽シーンにまで多大な影響を与えたことに間違いはありません。人それぞれ思いは異なるのでしょうが、私はそんな三貴に、一時期にでも在籍していたことを誇りに思っています。言うまでもなく、ダイアン・レインに会うことは叶いませんでしたが。

（入社一九八八年　退社一九九九年　在籍期間：十一年　在籍部署：大阪三貴・三貴経理部）

木村社長と三貴と私

大戸　孝樹

そもそも木村社長を知ったのは大学の時でした。今思い出すと誠に不思議なご縁です。

私は埼玉県立不動岡高等学校出身で大学に進学して、一般教養の授業に何を選択しようかと考えていた時に、私の兄も、高校も大学も私と同じ（大学の学部は違いますが）で、「神澤先生の哲学をとれば、『優』は間違いないよ！」という助言で、いかに楽して合理的に良い成績を収めるかという観点から迷わず「哲学」を選択しました。それは、ご存知の方もいらしゃると思いますが、神澤先生は、埼玉県立不動岡高等学校出身の大先輩だったからです。

難しい講義を受けながら、いつしか先生が、

「学業の成績と実社会に出てからの業績は必ずしも一致しないものです。私の教え子に木村君というのがいて、学生時代の彼の成績は・・・（木村社長の名誉の為に）、社会に出

てから宝石業界で大変活躍していましてね・・・」とその時は、記憶の片隅にも残らないと思っていました。

大学四年の九月から、人より遅めの就職活動を始めました。しかし、アルバイトに明け暮れ、大して成績も良くない私には良い知らせはありませんでした。

当時私は、日比谷線を利用しておりまして、その日も砂を掴むような手応えの帰り道、「そうだ！秋葉原に『三貴』という会社があったな！寄ってみるか・・・」そうして株式会社三貴に入社することになりました。

入社してからは様々な思い出がありますが、業務本部に在籍していた時は、上司の上司が木村社長、一時期は直属の上司が木村社長ということもありました。その時のお話を二つ披露させて頂きます。

最初はゴルフに誘って頂いた時の話です。私もゴルフを初めて二年目位でしょうか、百を行ったり来たりの頃です。たまたまティーショットをトップし、150ヤード先のラフ。がっかりしながら歩いていくと、木村社長は私のボールの方向へ？？？、そして鼻歌まじりに、私のボールを蹴りました！しかも二度三度・・・50ヤードほど先のフェアウェイ進むと「あったぞー」と。

また別のショートホール（135ヤード）。木村社長が解説して下さいます。

「半端な距離だから、ここは6番アイアンで軽めか、7番でしっかりめだね」

たまたまそのホールは私が先で、見事ワンオン！。木村社長が歩み寄り、

「何番だ？」

「9番です」

そう聞くと木村社長はクラブを持ち換えて「バシッ！」。力まれたせいか左のバンカー。

「2番手違いまでは我慢するけど、3番手違うのは悔しいから7番で打った・・・」

その日は1・5ラウンド。食事休憩が二度あります。その時も仕事以外のお話を沢山して頂きました。とても楽しかったのを覚えています。ただ、時間を忘れる程楽しかったので、二度ともスタートの準備をするように放送されましたけど。

その時ご一緒した大輪田部長（職位は当時、以下同じ）は前日、練習しすぎて、右手の親指の皮がめくれ（私は右手の親指にマメができたことはありませんけど）不本意な成績だったことを付け加えておきます。


二つ目の話は、職場での出来事。高橋部長の奥様の具合が悪くなり、小さなお子様をかかえる部長はその日欠勤するとの連絡がありました。社長がお見えになるなり私が呼ばれ、

「高橋はどうした！」

欠勤の理由を説明すると、不服な様子。そして経営管理部の井田部長を呼ばれ、同じ質問をされました。すると、総務部に連絡し、家政婦さんの手配等、高橋部長が安心して仕事ができるような段取りをされたことを報告されました。社長は納得された様子で私の方をみて、仕事の仕方を無言で教えて下さったのでした。

三貴を離れて二十六年、在籍したのは十三年。三貴の経験、想い出の方が長く、多く感じるのは私だけでしょうか。

（入社一九八四年　退社一九九七年　在籍期間：十四年　在籍部署：大阪婦人服小売り・ＬＦ商品管理部・婦人服企画部・ＬＦ商品管理部・宝石商品部）

「三貴の社是」

大戸　由加

二十歳で入社、「GAP呉駅ビル店」に配属になり、店長から『毎日数値目標を持って挑み、必ず達成すること』と教えられました。

そこで、毎日ハンドビラを百枚配ることを目標に、店前通行量が少なければエスカレーターの前に立ち、時には駅ビルの玄関や駅の改札口まで配りに行きました。日々繰り返すうちに、笑顔でお渡しすれば受け取ってくださる確率も上がると気づきました。すると、渡し方も上手くなり、受け取ってくださったほんの一瞬でも、お客様の素敵なところを見つけて褒めると、お客様が立ち止まってくださるようになり、店内までご案内できるようになりました。

日々の小さな目標を達成していくことで「自分ならできる」という自信がつくこと。また、人を選ぶのではなく、誰にでも笑顔で声をかけられるということが、のちに大きな成果に繋がること。私が現在経営するホテルでも、これらの教えが大切な役割を果たしています。

入社半年後二十一歳で店長になり、毎月大阪の店長会議に出席するようになりました。実績報告でマネージャーに怒られ、悔しい思いをしましたが、それを機に自分の弱さと向き合い、克服することで、心が強くなりました。

私にとっての大阪三貴は「目標を持って仕事をし、最後まで絶対に諦めない」ということを教えてもらった会社です。

社内結婚後、関東に引っ越し、東京小売事業部婦人服部門で、「ブティックＪＯＹ日比谷シャンテ店」の店長としてオープンから携わりました。後任の店長が育った時、本部に配属となり「ショーイングコーディネーター」に任命されました。

直属の上司、河野善四郎氏のもとで、店長候補の男性社員や、中途採用の父親ほど歳の離れた（のちに部長になられる）方々の研修を担当させていただいたり、東北から甲信越まで、ほぼ同い年の新卒男性社員を五人連れて、五週間にわたり開店準備から店長の育成までを繰り返す怒涛の出店ラッシュツアーを経験させてもらったりすることもありました。

また、あるときは、「日本全国どこの婦人服の店舗でも、同じサイズに揃えてＴシャツをたためるよう考えてみろ」と言われたことを機に、プラスチックのA4サイズの板に畳み方をプリントして、シャツに挟んでたたみ、最後に抜くと誰でも同じサイズにたためる「たたみ板」を提案しました。「それがいい！」と即決で採用され、翌週には全国の店舗に配られ、同じサイズにたたまれたTシャツが陳列されたことは、今でも鮮明に覚えています。

河野氏は、私のアイデアを真剣に聴き、「思うようにやってみろ」と任せてくださいました。河野氏がやりがいのある仕事を与えてくださったおかげで、私は0を1にする仕事を学ぶことができました。

部下への愛情は誰よりも深く、ほんの少しの変化にも気づく方で、突然売り上げが落ち込んだ店舗や、販売員さんが続けて退職された店舗には、「ちょっと行ってきてくれ」と頼まれました。私はショーイングコーディネーターという立場で店舗を訪問するのですが、店内を片付け、ショーイングを整えるだけでは「本部から店を見に来た人」と警戒されるので、率先して接客につき、売上を上げる姿を見せて信頼してもらい、一緒に食事に行って仲良くなって悩みを聞くということもありました。

本部に戻って河野さんに報告すると、すぐ改善策を練られ、瞬く間に解決されました。どんなに小さな店舗の店長さんでも、分け隔てなく寄り添い、即座に対応される姿を間近に見せていただき「人の気持ちに寄り添うこと」を学びました。

私にとって三貴とは、社是の「創造・挑戦・信頼・相互扶助・愛」を、身をもって教えてくださった河野善四郎氏のことです。このような教えを受けたことは、私の人生にとって大切な財産です。私はこの経験に基づいて、「挑戦すること」「信頼すること」「相互扶助すること」を常に心がけています。そして、経営にも大切な考え方の一つとして、「愛を持って取り組むこと」があることも学びました。この考え方を通して、私は自らが事業を営む地元に貢献したいという気持ちを強く持つようになりました。

現在、三貴での経験を胸に、自分が人として成長し、社会に貢献するために、「区の魅力と活力向上推進事業」に取り組んでいます。

私が経営するホテルである「ホテルリッチ」から、ＪＲ可部線可部駅までの通りを「噂通り」と名づけ、グーグルマップに申請し、半年がかりで承認されました。同時に地元の若い経営者たちと共に「噂通りの会」を発足し、通りに「噂通り」という看板をたて、そのユニークな名前から、地元紙に掲載され、ローカルＴＶ局に出演し話題となりました。

広島市とＪＲ西日本の協力を得て、年三回ＪＲ可部駅構内で、「噂通りのフェスティバル」

を開催し、地域の伝統産業である『酒造り』を紹介するため、飲食店が出店するブースでは、地酒に合う料理を用意して、幅広い年代の方々のコミニュケーションの場を創っています。河野さんは、この活動のきっかけとなった通りの飲食店第一号店を誘致した十年前から、何度も広島まで足を運んでくださり、若い店主の活躍を心から応援してくださっています。昨年の「噂通りのフェスティバル」にも、わざわざお越しくださいました。

その大きな「愛」には、なかなか追いつけませんが、これからも「よー頑張っとるな！」と褒めていただけるよう、挑戦を続け、変化に敏感に反応し、常に前向きな姿勢で地域貢献に取り組むことを心がけていきます。

（入社一九八五年　退社一九九二年　在籍期間：八年　在籍部署：大阪婦人服・東京婦人服）

私の礎

大橋　順子

三貴人、そう呼ばれる人達を心から尊敬し、そう呼ばれた自分自身を誇りに思います。

入社する前の私は販売員を誰にでも気楽に務められる仕事だと思っていました。アルバイトのつもりで始めましたが、とんでもない誤解でした。『売る』ってこと即ち『買っていただく』というのは容易な仕事ではありませんでした。

商品の知識はもちろんですがお客様の前で堂々と振る舞えるよう、多くのことを学ばせていただきました。

お客様を笑顔にする、そんな仕事にやり甲斐を持ちアルバイトから社員に変更致しました。

社員となり新潟駅ビル店から池袋サンシャインアルパ店に配属されました。この頃が人生で最も輝いていたのではないかと思います。

アルパ店は三貫の総本山、社内報でしか知る由もない憧れの内田店長とお会いすることができました。自分では度胸があると思っておりますが、ものすごく緊張致しました。幸せなことに現在まで三十年以上も親交させていただいています。

『内田店長ってどんな方なのですか』と他店の方によく聞かれました。ひと言で表すならミラクル。（魔法が使えるのかもしれません）

誰に対しても平等に優しくて、誰からも愛されている方です。毎日たくさん褒めていただきました。そのため、いつも笑顔が絶えない店でした。私が風邪をひいて休んでしまったときは『病気は悪いことじゃない、病気にならなければ病人の気持ちがわからないのよ』と教えていただきました。そのお言葉が事あるごとに思い起こされます。色々な立場を理解することこそ人との繋がりにおいて大切だと思います。またそれが販売という仕事の正体ではないかと今の私は思うのです。

内田店長はお客様の気持ちを理解するのが普通の人の百倍くらい早い方です。あっという間にお客様は店

（左：内田店長　右：大橋）

長の虜。お出迎えからお見送りまで一瞬も気を抜かず誠心誠意尽くしていらっしゃるのが伝わります。スタッフはその技を盗もうと（学ぼうと）必死でした。

来客が途切れるとロールプレイングしましょう、と声をかけられます。誰もが緊張しつつ貪欲に学ばせていただきました。

内田店長は閉店時間になるまで集中力が切れることは全くありませんでした。『私たちは全社員のお給料のために売らなければならない』というようなことを時々話されました。内勤者の方々も店舗応援の時に同じことを言って労ってくださいました。職務の垣根を超え互いにリスペクトする、だからこそ販売という仕事が崇高なものに思えたのだと思います。

現在も私は百貨店で販売員をしております。ここでは販売員の価値は低いです。しかし私は三貴の心で真摯にお客様と向き合って生きていこうと思います。

今もなお内田店長になりたい、と思い続けております。

（入社一九八九年　退社一九九五年　在籍期間：七年　在籍部署：婦人服ブティックジョイ）

今のわたし

岡本　美恵子

わが社で活躍中の女性マネージャー、タスクフォースにスポットを当てるクローズアップ・レディ第23回目は田部井美恵子タスクです。たべい・みえこ　東京小発事業部　店長兼タスクフォース２級

群馬県生まれ。血液型○型。お兄さん、、弟さんにはさまれて、おてんばな少女時代を過ごす。ご兄弟はそれぞれ結婚して独立。寮に入るため家を出る時、一人残されたお母様から「これがヨメに出すのであれば……」と一言。

仕事優先の日々だけど、将来はお母様のように福祉のことをやりたいと目をかがやかせる。

「問題児でねェー。いやァ、イイ意味で、お店に近い存在なんです」細い目をさらに細めて橋本マネージャーが言いました。

愛すべき問題児？　田部井タスクは昭和五十八年の入社。業務部のタスクを七ヵ月。小売に移って四ヶ月になります。きゃしゃなスタイルでいつもニコニコしている田部井タスクに、店長時代のことを伺うと、「気が小さくて、マキの店長になってからも半年は、何かあると泣いていました。」とのこと。

えーっ!!　想像はつきませんが、くじけずに続けられたそのワケは？

「仲間ですね。高校のバレー部、前の会社やボランティア活動をしている友人たちの励ましです。お店時代のなかまや小売の方々と、私は本当に〝人〟に恵まれてきました。」

池袋サンシャインシティ　エブアルパ店にて

人の転期、ひと皮むける時期、人生にはいくつかのターニングポイントあるのかもしれません。

体をこわしてまえの仕事を止めた時、友人の影響で県主催の〝日中友好成年の船〟に参加した。当時二十三歳の田部井タスクが、まさにその時でした。船中で研修を受けながら中国へ行き、中国の青年団と交流を持つことによって青年のリーダーシップを育てる目的の二週間でしたが、体がまだ本調子でなく皆に助けられつつ全日程をクリアしました。「みな若いのにとってもも考え方がしっかりしていて、自分はまだまだだなァ……」と思いました。

その時の経験と今も続く、当時の仲間からの励ましが、田部井タスクを支える〝元気の素〟のように拝見しましたが、元気を出し続けるのは至難の業ではないかと……

「カガミと同じでね。自分が元気ないと、お店の人達も元気がなくなってしまいますから。それにお店に一歩入って皆の顔をみると、元気が出ちゃうんです。成績の上がらないお店ほど一生懸命なので、それを認めてあげること、励ましてあげることが、大切なのではないでしょうか」

最近は逢う人ごとに「輝いているね」と言われる田部井タスク。問題児?が期待の星に変身する日が間近いと確信いたします。

わたくし、岡本美恵子（旧姓：田部井）は、現在茨城県古河市で、夫と二人で暮らしております。子供は男二人で、長男は結婚してさいたま市に住んでおり、次男は最初に勤めた会社を退職し海外に留学をしております。

「今のわたし」という事について最初にどうしても話さなければならない事は、今現在、癌の病と関わっております。平成二十七年十二月に大腸に癌細胞が見つかり、その時は既に肝臓にも転移が見られました。俗にいうステージⅣです。

癌告知を受けて約八年が経過しておりますが、今こうやって今の自分を語る事が出来るのは医師から言わせると奇跡に近いのだと言われてます。

平成四年、三十四歳の時に七歳年下の夫と結婚しました。夫の実家が京都市、わたくしの実家が群馬県で、どこで挙式をあげるかを悩んだりもしましたが、東京の半蔵門会館であげることが出来ました。主賓の挨拶をして頂いたのが、尊敬する上司の橋本様で、三貴時代の精鋭仲間達が式に参加してくれました。

いよいよ家庭を持った生活が群馬県でスタートし、運よく翌年平成五年に長男が、翌々年の七年に次男が誕生しました。元気で丈夫に成長していってくれました。

夫の勤めている会社は、比較的転勤の多い会社で、それなりに覚悟はしてましたが、平成十年に新潟県に行くことになりました。長男が五歳、次男が三歳の時です。


新潟で暮らすのは人生初めてです。新潟では十一月以降は、青空を見ることが少なく真冬は雪が降り、子供を幼稚園に送って行くのに、車がスリップして坂道を上がる事が出来ずに怖い思いをした事も度々ありました。女性が知らない町で暮らし、環境に適応できなく苦労するという話がよくありますが、わたくしは自分で言うのも何ですが、環境変化には強いのではないかと思います。三責時代にボストンバックを肩にぶら下げ、東京や大阪、広島といった大都会に出張で走りまわったことも数多くありました。

三責時代での様々な経験が、自分を強くしてくれたのではと思います。三責という会社、上司、同僚の方々に感謝ですね！


新潟で八年間過ごし、平成十八年九月、夫の転勤で次は茨域県古河市に行くことになりました。

これまで、群馬、新潟、茨城とすべて借家住まいでしたが、ここで思いきって古河市にマイホームを購入する決断をしました。夫が関西で単身生活の為、わたくし一人で土地探しから始め、銀行との借入金返済交渉、家の間取り、内装からすべて自分で決めていきました。夫がこの新居のドアを開いたのは完成半年後でした。

そんな忙しくも充実した日々を送ってぃた時に、忘れもしません、平成二十七年十二月十六日まさかまさかの人生を大きく揺るがす事態になりました。健康診断、精密検査の結果、大腸に癌が見つかりました。しかも肝臓に複数転移、医師から告げられたのは大腸癌ステージⅣです。すぐに手術が必要な状況でしたが、如何せん年末暮れ近かった為、年明けの一月に群馬県立癌センターで手術を受ける事になりました。新年をこんなつらい想いで過ごさなければならないとは、夢にも思いませんでした。

大腸がん切除の手術は無事終了しましたが、肝臓に転移した癌を抑えるために抗がん剤治療が始まりました。これが覚悟をしていた以上に地獄の毎日でした。

夫は関西で重要な立場で仕事をしていたのですが、会社に異動願いを出し、二月に古河へ戻ってきてくれ、又一緒に生活をすることになりました。職場は埼玉の大宮になりましたが、朝六時前後に家を出て、古河駅まで歩く通勤をしていました。その姿を見るのは辛かったですね。

今現在も二週間に一度通院し、抗がん剤の投与を続けております。癌と闘っているというよりも、癌と上手につきあっていかなければならないというのが今の状況です。

暗い話になってしまぃましたので、ここで明るい話題に変えさせて頂きます。

長男が二〇二〇年十二月、本人たちの希望でクリスマスの日に入籍しました。二十七歳の時です。お相手は静岡生まれの二つ年上の方ですが、初めて会った時はあまりにも美人でびっくりしました。親が言うのも何ですが、長男は身長一八七cmの長身細身で、ややイケメンのため、美人の彼女と並ぶとまるで芸能人カップルに間違われてもおかしくありません。親馬鹿と思われるかもしれませんが（笑）。

たまに土曜日の夜に大宮駅周辺で、食事をしたりしているのですが、これはわたくし達夫婦にとっても楽しい有意義な時間です。つらい想いも和らげてくれます。ただし、行くと散財してしまいますが！　そんな長男夫婦に、待ちに待った命が芽生えていることがわかりました。実はつい最近その朗報を聞きました。嬉しかったです。わたくし達夫婦に、生きていく活力と、孫を見るという大きな目標を与えてくれたと思います。

わたくしにとって、株式会社三責という会社で仕事をさせて頂いたことを大変誇りに思っております。そんな誇り高き会社の本を出版し、そこに「今のわたし」というタイトルの原稿を掲載して頂くこと、大変感謝を申し上げます。併せて、三責ＯＢ・ＯＧの皆様のご健勝とご多幸をお祈り申し上げます。

（入社一九八三年　退社一九九一年　在籍期間：九年　在籍部署：東京小売事業部）

三貴とその後の人生

小野　康成

新卒で入社した私は三貴に十一年間お世話になりました。

私の社会人物語のプロローグ、後から思えば、三貴在職中の経験は、その後の人生で伏線を回収するように、その時々で思い出されてきました。

正直に言えば、良いことばかりではなく、反面教師として思い出すものもありますが、社会人としての礎を築いた期間だったことは間違いありません。

私は、三貴退社後しばらくして、ある会社でスーパー銭湯事業の立ち上げに携わり、事業の責任者として十七年間事業部を率いることとなりました。

勤めた会社にとっても全く新しい事業でしたので、見習うべき上司もおらず、手探りの状態から様々な体験をしました。事業の運営や投資には責任を持たねばならず、自ずと経営トップとの関係性が大切になります。戸惑いやプレッシャーを感じた時、思い出すのが当時の事業部長を勤めておられた方達です。

三貴では入社して九州の小売事業部に配属され、三年間店舗勤務をしました。その後、半年間業務部タスクを経て、大阪小売事業部にゾーンマネジャーとして七年勤務しました。九州時代には上向氏、高水氏、岡崎氏、大阪時代には相川氏、河野氏、のちに九州の事業部長になられた阿部氏らが事業部のトップに就いておられました（役職名は省略させていただきます）

新たな組織に中核を担う立場で参加したときの身の処し方、プレッシャーの中で心を病みそうになった時にどう対処すべきなのか、経営方針をどのように咀嚼すべきか、伝えるべきか、自分の持つ専門性の活かし方、そして経営トップとの関係の持ち方などです。

上司が部下を見ているよりもその数倍部下は上司を見ている、というのは言葉通りだと思います。ふとした拍子に遠くから見ていた嘗ての上司の表情や振る舞いを思い出したものです。さまざまな経歴を持った大先輩も在任中はきっと同じような苦労をされたのだろうなと感じながら自分に置き換えることが度々ありました。

六年前に勤めていた会社を退社し、今は温浴事業に特化した経営コンサルタントの仕事をしております。街中の銭湯から、地方の旅館、複合温浴施設など温浴を核にした事業展開をされている経営者様とお付き合いをさせていただいています。

今は、時々、木村和巨氏ならどう考えただろうと思うことがあります。圧倒的なカリスマで三貴を牽引された木村氏、良くも悪くも木村氏の、木村氏による、木村氏のための企業であったというのが当時の印象です。

氏が掲げた理想はどこまで本気だったのだろうか、その本質は本当に伝わっていたのだろうか、全方位で氏に忖度する会社の体質と経営に食い違いはなかったのだろうか。

当時は近くにいるだけでも緊張していましたが、なぜかその姿はいつも強烈な孤独を纏っておられた気がします。経営者の孤独、ここに寄り添うのが今の仕事に必要な要素です。少なからずあの時の木村社長の面影を思い出すのです。


三貴を離れて随分になり、間もなく還暦を迎える年齢となります。社会人として最終ステージに進む段階で、本書籍によって嘗ての上司や仲間のその後の在り方に触れることができることを楽しみにしています。

お世話になった諸先輩方には改めて感謝し、鬼籍に入られた方々のご冥福を心からお祈りいたします。

（入社一九八七年　退社一九九七年　在籍期間：十一年　在籍部署：九州宝石・大阪宝石）

志は時代（とき）を超えて

川上　清美

私が三貴に入社したのは、消費税が導入された平成元年四月。きっかけは、そろそろ就職活動をしなくてはと思っていた矢先、友人から渡された会社のパンフレットに書かれていた「日本全国周れてやりがいを感じます。」と言う男性マネージャーのインタビュー記事を見ての事でした。

私の育った家庭は、父が海外出張でほとんど不在。母が毎日家事に、仕事にと働く姿を見て育ったため、「自分自身しっかり自立したい、父の様に日本全国仕事で回りたい。」と強く思い「ここだ‼」とすぐに入社を決めました。

自分が志を持ち決心して入社したからでしょうか。とても人間関係には恵まれました。入社後の配属店舗はマキつかしん店。接客後は、店長はじめ係長主任が必ず褒めて下さいました。

一週間ほど経ったある日私は緊張が緩み五分程遅刻をしてしまいました。そんな私に店長は朝礼で「せっかく頑張っていたのに、その頑張りが無駄になる。とても残念です。人の信用を裏切らないように今日から新たに頑張ってほしい。」と涙ながらに叱って下さり、今思うとそれは社会人にとって一番大切なことと今でも胸に響いています。

私はこの様にいつもお客様や、職場の方々に助けられていました。

少し接客にも慣れてきたある日、中年男性が来店され、係長が接客に就き、耳を澄まして聞いていると幼い娘様に何かプレゼントしたいとのこと。係長とお客様はまだ幼い娘様に百グラムの喜平のブレスレットをお選びになったのです。

そして、そのお客様は、近くにいた私になぜかこう言いました。「一緒に住んでいなくてもいつも娘の事を思っている。本当に思っているんだぞ。幸せを心から願っているんだぞ。」

娘様と自分自身の育った家庭環境が同じ、そして、その言葉はまるで父からの言葉に聞こえ、胸が熱くなり涙

イルエルつかしん店　川上

が溢れてきました。

家にある名前入りのペンダント、子供用の短いブレスレット、母に買ってきた宝石、どんな思いで選んでくれていたのかその時にハッと気づきました。


この日を機に、宝石を手にした時の母の笑顔の様な方を沢山作りたい、大切な方への贈り物を選ぶお手伝いなら是非私がしたい、と数字に対しても前向きにチャレンジする姿勢が学べたと思います。


その後、斜め前にあるビジュイルエルつかしん店へ店長として異動。四年ほど勤務し、結婚を機にマキ八戸ノ里店へ係長として転勤、約九年で三貴を退社しました。退職後は、授かった娘と主人の生まれ故郷である高知県四万十市に引越してきました。なかなか馴染めませんでしたが、ここでも子供がいるため声をかけて下さる地元の方々、親戚、職場の方々に大いに助けられました。

そんな中、忘れられない出来事があります。

イルエル時代のお客様から電話がかかってきたのです。「明日、娘の舞ちゃんが結婚するんよ。それで娘の部屋を掃除していたら、あんたから貰ったベビーリングが出て来てなぁ、、、、。」そのベビーリングとは、お客様の娘様が病気療養のため家族と離れて、寂しい思いをしていると聞いたため、私がプレゼントした物でした。接客では「嫁ぐお子様に思い出とともにお守りとしてお渡し下さい。」とお伝えしていた為、まさか本当にそのまま形になって、私に電話を下さるなんて想像もしなかった事です。

後日、その娘様からもお礼の電話があり私はただ涙が出ました。内容は「あの頃は家族で自転車に乗って週に一回、あなたの店に行くのがとても楽しみで楽しみで仕方ありませんでした。今から思えばきっとお邪魔でしたでしょうが本当にありがとうございました。」というもの。当時三歳の娘様のあまりの可愛さにスタッフ皆であやしていたのですがその様に思って頂いていたとは本当に光栄です。

それから数年の間になぜか、この様に嬉しい出来事と共に、マキ時代の宝石が、今の私に舞い戻ってきています。

義母からのパールのチョーカーやイタリー製のブレスレット。これは約三十年前に主人が遠く離れた家族を思い、イルエルで購入してくれた物です。そして、昨年亡くなった叔母からの形見として一キャラのダイヤの立爪とV字、これは、試用時代の私から購入してくれた物です。

先日、この指輪をして飛行機に搭乗した際、座席の前がキラキラ無数に光りはじめそれが太陽の光が反射したダイヤモンドの輝きと気付いたときは、当時の叔母が言った「トンネルを歩いていたら、壁際にキラキラ輝く無数の光が、自分の付けているダイヤモンドの輝きだと知って本当に心から満足だった。」という言葉を思い出し、亡き叔母が、まるで進学で上京した息子に会いに行く私に用意してくれたサプライズに思えて、心が温かくなりました。

自分自身の成長に合わせる様に、時代（とき）を超えて宝石はいつも私の心を支えてくれています。宝石のような、人の心にある輝きを美しい心を持ち続け探していく旅を続ければ、きっと今の自分が未来の自分を支えてくれるように感じます。

これが私が三貴で学んだ一番の宝物です。

（入社一九八九年　退社一九九七年　在籍期間：九年　在籍部署：大阪小売事業部　宝石部門）

出会いと感謝の三十二年間

河野　善四郎

一九六九年（昭和四十四年）二月、ブラジルのサンパウロで出会った早大探検部A君の紹介で、大塚駅前の㈱三貴事務所において木村和巨社長に初めてお会いする。その時私は二十四歳、社長は二十九歳、小さなビルの小さな事務所で、全社員二十人弱の小さな宝石卸会社であった。

私の学生時代の話、特に一年間の南米旅行の体験談を話し、今後就職はしないでアルバイトをしてお金を貯め、世界を旅しながらフリーライターとして活動をし、学生、若者たちに世界の広さ、旅の楽しさを教えて青少年の育成に携わるという私の夢とか、希望とか、いろいろと思うがままに話をする。とにかく勝手気ままに話をした。

「君のこれからのやりたいことは素晴らしい事だと思う。しかし、同じやるにしても一度就職して社会人としての経験を積んでから、やりたいことをしても遅くはないし、かえってその方がいいのではないですか？でも三年間三貴で仕事をすれば必ずそのまま仕事を続けるようになると思うがね」と木村社長の言葉。

「一度社会人になることも一理あると思いますので、三年間で辞めても良いのなら入社してみましょう。本当に三年間で辞めますからね。」と念を押して入社を決める。

「来週から出社してください。」と言われたが自動車教習所に通っており、免許を取ってからと思い、初めての新卒が入社する四月一日に新卒第一期生として試験なしで入社。

入社後すぐにイトーヨーカ堂にオープン予定のマキ大井町店の周辺の美容院へオープンの案内と宝石のクリーニングサービス券の配布をする。

出店に際し、木村社長は「日本一の宝石専門店チェーン二十店の第一号店を出店」と宣言。（小さな会社で初めての出店なのに？　と思ったが、直ぐに目標二十店が百店に変更）

同年五月に誰もが行くのを嫌がっていた大阪三貴に転勤。その事務所は京阪線香里園駅から十分弱の住宅地にある２ＤＫマンションで小さな台所が事務所で机が三つ、営業所長と先輩営業員と私と所長の奥様（事務パート）と共有。畳の二部屋が私と先輩の社員寮。それからあっという間の三十二年間。第一次、二次オイルショックを乗り超え急成長。とにかく楽しかった、面白かった、充実感、達成感があった。約束の三年どころか、二十四歳の好青年が？五十六歳になっていた。

その間、「パリでの航空券ポイ捨て自腹で再購入」「百円玉チャリンチャリンで特別給与アップ」「労働組合リボン闘争」「宝石カバン取り違えで急行列車を止める」「大阪天満橋OMMビル時計卸会社を訪ねてきた人を宝石専門店に」「倒産した取引先から宝石の引き上げ」「深夜の代物弁済書を取得」「いごっそ取引先店主と日本酒飲み比べで宝石LC契約」「人間その気になれば何でもできるのではと面接で言われ、販売スタッフ採用」「東京卸売事業部月間売上マイナス計上で即刻取締役解任」

「アップダウンクイズの昇降格」「一度だけの社長のビンタ」等々、枚挙にいとわない数々のエピソード、事件、思い出があるが、時期を見て退職を考えていた私が「この会社に骨をうずめよう、この社長に一生ついていこうと覚悟を決めたのが木村社長の涙、号泣」だった。

昭和五十八年頃静岡地区の子供服店の懇親会に参加するために自宅から小田原の店に直行。今の様に携帯電話のない時代で小田原の店に会社から電話があり、今晩開催予定のファニイ沼津店の若い女性スタッフが飛び降り自殺をしたと。（自殺の原因は全くのプライベートな事で、ご家族の方からは会社への感謝とご迷惑をおかけしたと謝罪をされる。）直ぐに沼津に行き、警察、亡くなった社員の家族、等々、関係者に説明をして回り、本社の当時の私の直属の上司、総務部長と連絡を取りながら、懇親会は亡くなった社員の偲ぶ会に切り替え実施。翌日帰京し出社。

木村社長に報告をしておくと言っていた上司も総務部長も全く報告をしていないとの事。とんでもないと直ぐに私一人で社長に報告に行くと社長は顔色を変え、「社長室に来い」と。

「日頃から社員は我が子なりと言っており、社員、自分の子供が亡くなったのに、それも知らされず、手を合わせる事も出来なかったのかと涙ながら話され、号泣。本当に我が子を失くして悲しむその姿を見て、私自身も思わず涙し、心に誓う。「この方は本物だ」と。

本当に様々な出来事がありました。でも三貴での三十二年間、全く悔いはありません。それどころか木村社長に、共に働いた三貴の仲間の皆さんに感謝あるのみです。

（入社一九六九年　退社二〇〇一年　在籍期間：三十二年　在籍部署：東京・大阪卸売事業部・東京小売事業部・大阪三貴・総務人事部）

三貴と私

管　敏勝

昨年十二月二十四日クリスマスイブの日、埼玉のある町の宝石専門店「T」の前を通りかかったら入店客はたった一人でした。三十年前のジュエリーマキの十二月二十四日は二重、三重のお客様に取り囲まれていました。

企業生存率というものをご存知だろうか?設立して三十年経つと〇・〇二五%で、さらにその中の五%しか生き残らないというそうです。三十年生き残れる会社は五千社に一社しかないそうです。ならば三貴も例外ではないと簡単に思えるほどの会社ではなく、今でも三貴の企業理念は生きていると思う。

私は三貴の心臓部とされる業務本部に籍を置いておりました。

〝三貴〟と人に言っても何の会社?と言われるのがオチですが〝ジュエリーマキ〟〝カメリアダイヤモンド〟と言えば今でも知っている。聞いた事があると言われます。

店舗の商品構成で一キャラット以上のダイヤモンドを百本陳列してあったり、ピアス二千本陳列していましたが、宝石を〝もの〟としてではなくライフ&カルチャーの創造と提案としてコンセプトに基づき開発し続けました。

愛を伝える媒体としての宝石を提供していたのが三貴であり、唯一無二の企業でした。

●世界初のデザイナーブランドの展開

「イケダタカオ」「鳥丸軍雪」「KENZO」「鳥居ユキ」「山本寛斎」「チュエリー・ミグレ」「モンタナ」「クロエ」「BIB」等・・

＊ライフスタイルの展開

「ベビージェリー」「ネイルジェリー」「トランタン」「マダムカメリア」「トラベルジェリー」「ピンキーリング」「キャラプチネックレス」等

●その他

「デイアマンクチュールド・マキ」「ペリシャス」「カメリアライター」「香水」「化粧品」等

実は私、小売事業部より急遽、商品企画部に異動になりましたが、辞令が出たのが、長女が誕生して初顔見せの為、熊本に帰ったその日でした。すぐに戻れということで、朝一番の飛行機で東京に向かいました。

配属された翌日の商品構成会議（社長、役員、商品企画部メンバー）で、商品構成案を検討されたのですが、私は配属二日目で、全く内容に触れてない中、ボリュームラインが上がった箇所があり、私は店舗での現状で、売れ筋が直近でプライスが上がっていたので、その事を説明したのですが、社長に勝手にボリュームラインを上げたと叱責され、クビだ！と言われ処分待ちになり、あやうく二日で商品企画部をクビになるところでした。

商品企画、アイデア、創造、様々チャレンジし、具現化したつもりでしたが、結局全ては木村社長の頭の中から発せられたものでした。

三貴はもう存在していませんが、三貴と一度でも接点があった人には、こんなにも濃密で複雑怪奇で高揚させられる会社はありませんでした。

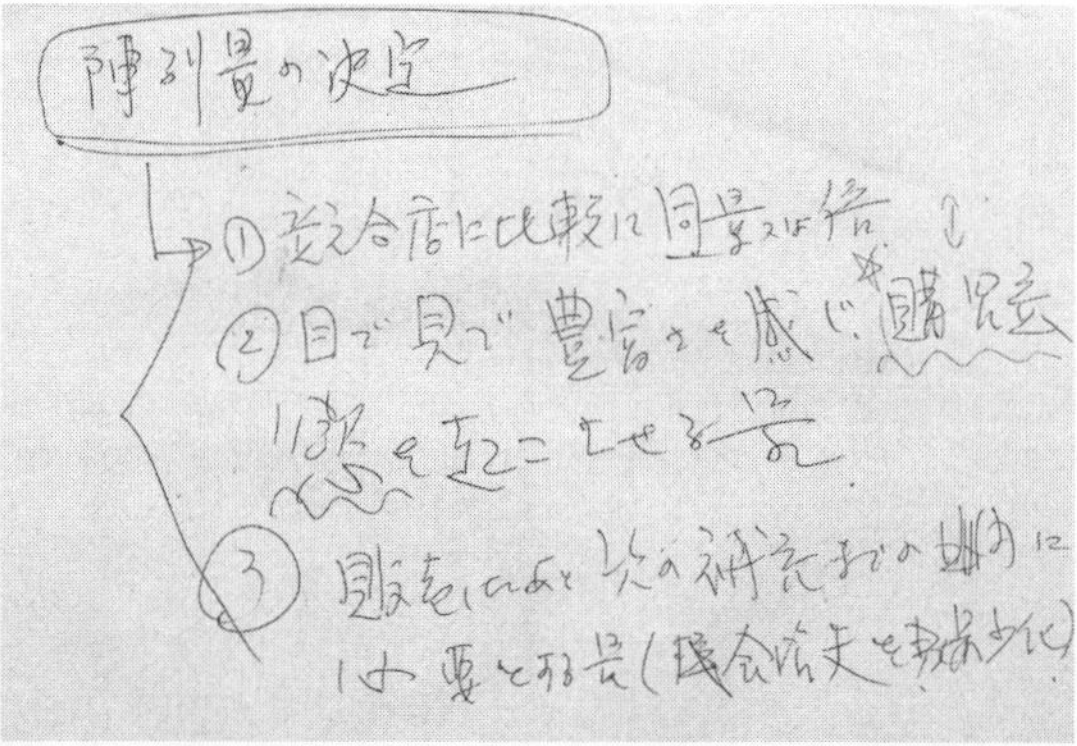

社長自筆のアドバイスのメモ

（入社一九八〇年　退社二〇〇三年　在籍期間：二十四年　在籍部署：小売事業部宝石部門　業務本部）

何故、一生懸命にはたらいたのか。

木代　哲朗

一九七五年（昭和五十年）四月に三貴に入社しました。本社は港区白金四ノ橋にあった運送会社のビル、売上が年商三十億円でした。すぐに北海道卸売事業部に配属になり仕事がスタートしました。時代はまさに高度成長期、宝飾業界も成長期で「頑張れば成果がでる」時代で、三貴に在籍した前半は、じつに明るくそして幸運な時代だったと思います。

わたしは長崎に生まれました。子供の頃から長崎港に出入りする外国船を見ながら、父の仕事の影響もあり、海外への強い憧れを持っていました。小学校の卒業文集に将来の夢は外交官と書きましたが、「海外への可能性」が三貴入社の動機のひとつです。

入社四年を経て北海道から商品部へ異動になりました。そこでの特に海外業務は、多忙ながらも楽しくもあり充実していました。思い出のひとつですが、海外生産をスタートさせるべく準備をしていた頃、車中からインド・ムンバイの道路沿いに「延々と続くスラム街」を見ていると、迎えに来てくれた若いインド人から「どうすればこのような貧困から抜け出せるのか?」と問われました。そのストレートな、真剣な問いかけに、わたしは首をひねるだけで、何も言うことが出来ませんでした。理由はわたしの英語力不足ですが、複雑な会話になると、自らの意思を伝えることが出来ない自分が実に情けなく、悔しさが残りました。

海外で、自分の想いを十分に伝えることのできない苛立ちは、如何ともし難かった。「三貴のこと、自分が考えていること」を取引先に伝えたかった。ビジネスの幅を拡げ、取引先との踏み込んだアライアンスは、三貴に大きな利益をもたらすことが出来たとの忸怩たる思いがあります。この時期は、ただがむしゃらで、あまりにも、未熟でした。

三貴での四十代は苦しかった。三貴を辞めようと思い、辞表を書き就職雑誌を買いに行きました。家族には相談できなかった。それでも、社会人として多くのことを学び、全く違う分野の知識や経験を積んだのは、この業務本部と小売事業部に在籍した時代でした。

業務本部では木村社長の正面に自席がありました。いつ呼ばれるか、椅子は常に座席の手前半分にしか座ったことがなかったように思います。椅子の背もたれなどは、まったく不要でしかなかった。

緊張感は並大抵ではなく、深夜に仕事が終わると「今日は取り敢えず終わった!明日も同じ・・」と思うのですが、「それ以上の予想もしない、経験もないこと」が毎日勃発する。

ついていくのが精一杯であり、帰宅が午前様になることが続き、未払い交通費が重なり十万円を超えることが度々、家族は大変だったなあ～との想いです。

三貴での在籍期間の後半は、今から思えば縮小していく宝石市場に対して、有効な対策を打てないまま時間が過ぎて行きました。三貴は時代の変化を予測し対応することなく、結局は、過去の成功体験から抜け出せなかったと思っています。

当時の売上数字を見ていると、明らかに市場は変化していました。だから早稲田大学の恩蔵教授には「消費者調査（デプス・インタビュー）」を、広告代理店の博報堂には当時の庄司社長の直轄のプロジェクトチームに「これからの宝飾業界の予測レポート」を依頼しました。しかし、この時期の三貴には、これらの優れたレポートを組織に落とし込んで対応する「柔軟さ」と「余裕」はありませんでした。

木村社長の決裁業務の多さが示すように、あらたに権限委譲された組織体制を作ることが出来なかった。今から思えば、目先の日常業務の過度なチェックに集中していたように思います。木村社長は、自力本願の強いタイプの人であった。結局は孤立に至った。

いまの私にとっての三貴とは、ルネッサンス期のフィレンツェを「なぜ崩壊したのか?」と、フィレンツェに愛情をもって「君主論」を書いたマキャベリの気分かな?と妄想を持ったりします。私にはそのような能力はないのですが。

三貴は「グローバルに、文化に強い発信力を持った会社として存在できたはず！　なぜ、もっと柔軟で、逞しい会社になれなかったのか？なれたはずだ」との想いが、折に触れて、頭をめぐります。非常に残念でもあります。

思い出とは、厭なものが浄化され、懐かしい、楽しいことが残るように思います。多くの三貴の思い出のなかで、銀座本店の事前調査で、木村社長に同行した「ロンドン→パリ→ミラノ→イスラエル→ベルギーの三週間のヨーロッパ」は、私にとっては非常に大きな刺激でした。良き思い出であり、冒頭に書いた私の入社動機の一部が達成されたのだと思うようにしています。株式会社三貴及びお会いした方々、そして家族に感謝します。

限られた紙面では書きれませんが、大変に密度の濃い、寝る間もなかったかのようなスピードで仕事・生活をした二十七年間の株式会社三貴でした。

北海道事務所での上司の方々、商品部、業務本部、Ｊハウス時代の仲間たち、九州小売事業部のお店の方々、多くのお世話になったお取引先の方々に、お礼を申し上げます。本当に有難うございました。

（入社一九七五年　退社二〇〇二年　在籍期間：二十八年　在籍部署：宝石卸売事業部・宝石商品部・業務本部・小売事業部）

私の履歴書　三貴編「人間万事塞翁が馬」

木村　茂治

(一)
「君は説明会の時に一番前に座っていた学生さんだね？」

「はいそうです」

「赴任先で彼女が出来て転勤が決まったら、彼女と会社とどちらを選ぶかね？」、

「もちろん会社を選びます」もちろん嘘ですが。

これが木村社長との初めての会話で四半世紀にわたる三貴人生の始まりでした。

「営業はすべてルート販売で飛び込み営業はありません」という真っ赤なウソの下で配属されたのは大阪卸売事業部。それも今迄先輩たちが回りつくしたテリトリーで実績をあげろとは到底無理な話。やけ気味の二日酔いで、朝「遅刻します」って連絡を入れたら「出てくるな」と言われたので出社しなかったら、翌日えらく怒られたり。

社長が来阪された時などは、訳もなく「木村、木村」と怒鳴られるので、とうとう社長が「自分が叱られている気がするので名前を変えろ〝シゲジ〟がいい」。社長命令に逆らう人など居るわけもなく皆様律儀に守られた結果、三貴を辞めて二十年以上たっても、上

司からは「シゲ」「シゲジ」「シゲちゃん」。後輩からは「シゲジさん」。です。

さて「百回訪問してダメだったら諦めても良い」と社長のお墨付きを頂き、なんとなく気が楽になってみると、ボチボチ新規獲得も出来る様になり、当時、個人目標が二百～三百万円の時に一千万円の取引をして頂ける店主様が現れたり、カメリアダイモンドチェーンやジュエリーマキのライセンシーに加盟してくださる店主様が何人も現れたりでキャンペーンの敢闘賞を何度かいただけることになり、「営業も意外と面白いじゃん」と思っていた矢先、卸売事業部廃止。もし廃止になっていなかったら？

㈡　次の配属先は小売事業部、役職はエリアマネージャー。

これがどうにも上手くいかない。

事あるごとに社長から「シゲジは女心が分からないから良いマネジメントも出来ないし結婚も出来ないいんだ」と言われ続け。全くその通りと自覚はしてたんです。ただ単細胞な私に秋の空の女性の心など分かろうはずもなく、為すすべがない日々を送る毎日。

そこへ商品部への異動の話。喜び勇んで「四月一日からお世話になります」って商品部に挨拶しに行った後の、忘れもしない三月三十日（日）、某エリアマネージャーが大チョンボをしでかし、社長の逆鱗に触れ即日クビ。私の異動は白紙に戻り彼のエリアを引き継ぐことに。

ところがです。彼の担当していた横浜の某店に、三月に中途入社していた、とっても素敵な女性がいたのです。ご想像のとおり彼女が今の奥さんです。結婚話が決まると不思議なことに商品部への異動もすんなりと決まった次第。もし彼があの時チョンボをしていなかったら？

(三) めでたく一月四日に商品管理部に異動

商品部は商品管理部と原材料調達部からなっており、私は商品管理部に配属され暫くは平穏な日が続いておりました。

ところがです、四月のある昼休み、私が電話当番をしている時に大問題が勃発したのです。四名の社員全員が駐車場で煙草を吸っていたところに社長が出社されたにもかかわらず、挨拶をしなかったというのです。真偽のほどは定かではないものの社長が思い込んでいるためどうにもならず四名とも即日クビ。もしあの日、電話当番で部屋に残っていなかったら？

引継ぎもないまま翌日から商品管理部全セクションを担当することに。能力不足を補うために毎週金曜日は徹夜で発送準備、翌土曜日は休日返上。若かったんだなあ！

かくして一年がたち、男性社員も数名増えて何とか組織も整ってやっと楽が出来ると思っていた矢先、またしても社長の一言で原材料調達部ダイアモンドバイヤーに異動。

㈣　あれがバブル経済だったんだ。

あの時期は高度経済成長期の真っ只中、マキの出店も加速度を加え、最盛期は八百店舗にもなりマキのＴＶコマーシャルも最大化され、商品ではデビアス社がプロモートしたスウィートテンダイアモンドが当たりにあたって、作っても作っても品薄状態が続く状態。その為ダイアモンドの調達も多忙を極め、年間の半分以上は海外出張の日々が十年以上続いたのです。

一方、キャラ石を求め、ダイアモンドの四大研磨地であるインド↓イスラエル↓ベルギー↓アメリカと世界一周調達旅を何度経験したことか。

最盛期のダイアモンドの調達金額は年間二百億円を超え、私個人の調達金額も百億円を超える状況でした。普通のサラリーマンでは到底経験できないことを体験していた時代が続きました。あの時が来る迄は。

㈤　宴の後に残ったものは
会社説明会の時に配られたパンフレットには昨年の実績八億円、今年の目標十六億円と記されていたのを覚えております。でもその時から木村社長は「日本一になる」「世界一になる」と言い続けていました。実際、売上高は二千億円にせまり、ジュエリーマキは日本一になりました。その過激な言動で、色々問題もあった木村社長ですが、かつては三貴学校と言われた程、社員教育に熱心だったのは確かです。強制的でしたが他社では得られない知識が得られていたのです。

又、新商品開発・新業態開発・新システム導入等、同業他社に先駆けて実行していったことを、自身でも担当したり身近で体験出来たことは、その後も大いに役に立っています。

もし会社説明会で一番前に座っていなかったら……

人間万事塞翁が馬、人生満更悪くない。一生懸命生きていれば明日は明日の風が吹くものです。

（入社一九七六年　退社二〇〇二年　在籍期間：二十七年　在籍部署：大阪三貴卸売事業部・東京小売事業部・宝石商品開発事業部）

三貴での思い出

五月女　殊久

私は一九七四年四月に㈱三貴に入社し、一九八二年夏頃まで働かせて頂きました。

入社のきっかけは、人事の課長が会社の概要を話され、その時「給料は労働の対価報酬ではない」との一言が気に入り、入社試験を受け、縁があって社員となることができました。

研修を経て、宝石小売事業部へ配属されました。初めての勤務はマキ大井町店で、次に経堂店、柏店、博多デイトス店の応援、東京に戻り、赤羽店、向ヶ丘遊園店、そして長野県の飯田店の店長として、山に囲まれた店でのんびり過ごし、十五キロ太り、二年間務めさせて頂きました。


入社直後から労働組合を結成する動きがあり、各店舗の方が喫茶店に集まり話し合いをしました。私は労働組合という考え方が好きではなく、一番最後に加わりました。

なかには社長はボンクラでやめちまえと言う人もいましたが、自分が辞めればすむことなのにと思っていました。飯田店にいるうちに会社側から組合の切り崩しがあり、あっというまに解体され、委員長と私だけが組合員と判り、すぐに脱会しました。

ある時、木村社長が店舗訪問で飯田店へお見えになり、店の状況を聞かれました。大きなショルダーバッグを肩から掛け、中身はサプリメントと様々な薬が入っており、「薬の飲みすぎは体に良くないですよ」と言うと「いつも飲んでいるものだから大丈夫」と言われ、ご自分なりに健康に気を使われているのだなと思いました。笑顔の社長は親しみが持て、ふだんはこわい社長を演じていて大変だなと思いました。

そして社長に「テレビＣＭをなぜやらないのですか？」と尋ねると「今はその時期ではなく、やる時は徹底的にやる」とのことで安心しました。その後のしつこいくらいのＣＭ攻勢で、「見ている方がもう飽きたとなれば、脳裏に焼きついており、ただ良いだけのＣＭだと頭に残らない」との社長の言葉に、なるほどと感心しました。

飯田店から㈱大阪三貴へ移るのですが、古川橋店から布施にある近鉄百貨店内の東大阪店のオープンに携わりました。そこで人生の伴侶となる人を見つけ、大阪三貴の取締役の佐々木惇さんから木村社長に仲人を頼んでもらえるとの事で、さっそく東京の自宅に戻り、自宅から車で五分の所にある社長宅へ、女房？と二人で伺いました。とても気さくで美しい奥様が出迎えられ、少し経って社長が会社より戻ってこられ、和んだ雰囲気で仲人をお願いしました。ニコニコの笑顔で承諾して下さり、その笑顔には魅力を感じました。

父の体調が悪くなり、一九八二年に辞表を提出しました。父はアメ横で商売をしており、後を継ぐ形になりました。

私が辞めてから会社は急成長しましたが、木村社長も権力、地位、財産を持つことで、この社会の犠牲者となってしまったのではないかと思います。

会社での想い出は宝物となっております。

（入社一九七四年　退社一九八二年　在籍期間：九年　在籍部署：東京宝石小売事業部・大阪三貴宝石小売事業部）

人として社会人としての基礎を築き成長させてくれた三貴…

榊原　晴美

社会人としてまだまだ未熟な二十代前半の私は、縁あって三貴に入社し、宝石の店舗に配属されました。当時の店長から、接遇マナーの基礎や宝飾品の取扱・接客など一つ一つ繰り返し徹底した教育を受けました。三貴には様々なマニュアルや本部からの伝達・徹底事項があり、毎日気の抜けない緊張感の中、マニュアルを覚えるのに必死でした。厳しい会社だと感じながらも、店長の厳しさの中にも愛情あふれる人柄に触れ、自分では気づかないことを指導して頂き、時には悩みも相談できる頼もしい上司でした。店長のお陰もあり、仕事を継続できたと感謝しています。

当時の三貴はＯＪＴを活用しての新人教育や業務の推進などに関し、多岐に渡りシステム化されていて、定期的に本社での様々な研修があり、人を大切に育成する風土が定着していた会社であったと思っています。

三貴は、宝石、婦人服、子供服の商品企画・製造から販売まで一貫して行い、全国展開する店舗があり、店舗の異動も当たり前でした。当然ながら私も宝石での店舗異動や、宝石から婦人服部門への異動も経験し、本社のある東京へ転勤した際には、都内各所の婦人服の店舗を経験しました。そんな私に、都内中心地店舗の店長の辞令が交付され、若さゆえの失敗もありましたが、上司の方々や仲間の支えもあり、無事勤めることができたことに感謝しています。

そして、私にとって大きな転換期となったのが、一九九〇年に三貴が米国のＪＣペニー傘下のStinu社とフランチャイズ契約を締結し、翌年二月東京原宿に『StinuUnits』一号店が開店、そこで私はオープニングスタッフの副店長の役職に就きました。『StinuUnits』は社内や同業者からも注目される斬新な店舗で、オープンして以来試行錯誤が続き、

東京ベイNKホールにて、祭典に招待した姉（左）との思い出

売り上げが厳しい時期もありましたが、徐々に軌道に乗り始め、社内でも目標達成率など上位を占める店舗へと成長していきました。

また、一九九二年に会社主催で当時の東京ベイNKホールで行われた『歌とリズムとファッションの祭典』全国大会で、私が『StinuUnits』の代表として舞台に立ち、ファッション部門で優勝したことが、今でも記憶に残る思い出です。

その後、『StinuUnits』の出店に伴い店舗異動、後に『StinuUnits』の営業推進タスクフォース、東京地区のゾーンマネージャーとして役職に就きました。二十代半ばの私に、幅広い年代のスタッフのマネジメントができるのだろうか？といつも自問自答していました。しかし、三貴で学んできたことをやり続けることしかないと、自ら率先垂範し業務を遂行、目標達成するために必死でした。しかし、時代の流れには逆らえず残念ながら『StinuUnits』は閉店し、私も数々の異動を経て約九年間勤務した三貴を退職しました。


その後、百貨店で婦人服の販売などしていましたが、家族の介護などをきっかけに、専門学校で二年間福祉を学び介護福祉士を取得。医療・福祉関連の仕事に就き、介護支援専門員も修得しました。福祉の現場では、福祉職を目指す学生の実習受け入れや新入職員の教育などを担当することもありました。

企業や社会にとって人は宝であり、人材育成はとても大切なことであると私は考えています。三貴で学んだ、人のマネジメントや人材育成など、今まで積み重ねてきた経験が他職種でも活かされたと自負しています。

三貴での数えきれないほどの学びの中で、私が今でも変わらず大切にしている二つの事があります。

先ず一つ目は『人と関わる上での心構え』で「はい」と言う『素直な心』、「恐れ入ります」と言う『謙虚な心』、そして「お陰様で」「ありがとう」と言う『感謝の心』です。二つ目は『人材育成』で、「三つ褒めて、一つ叱って、一つ教える」事です。相手を認め、相手の良いところを見つけて褒めて長所を伸ばし、相手の成長や将来を見据え、自らが考え課題を見つけられるよう導き叱り、自身の経験からの学びを惜しみなく教えることです。

四十代後半に心機一転、家族の理解もあり、大学で四年間医療を学び看護師と保健師免許を取得しました。現在は、看護師として働き始めて三年目になりますが、前文で述べた二つのことは、齢を重ねた今でも変わらず心に留め、初心忘るべからずと常に意識して実践できるよう努めています。

これからも三貴の心と数えきれない学び、そして苦労を共にした仲間達を大切に心豊かに、幾つになっても挑戦する気持ちを忘れず、今までの経験を活かして社会に貢献できるよう日々努力してまいります。

最後になりますが、今の私があるのは、家族の支えと三貴を通して数えきれない人との出会いがあり、人として社会人として成長することが出来たからです。三貴在職中には、上司の方々や苦労を共にした仲間達、そしてお客様から数えきれないほどの励ましの言葉やアドバイスを頂き、お金には代えがたい財産を頂きました。この場をお借りして皆様方に深く感謝申し上げます。

（入社一九八八年　退社一九九八年　在籍期間：十年　在籍部署：東京小売事業部　宝石・婦人服部門）

ジュエリーデザイナーとして今、三貴に思うこと

島田　幸子

私は一九八五年に新卒で宝石デザイナーとして入社しました。

同期は私を含め六人。当時、宝石デザイナー室は神田の岩本町にあり、木村社長と会社を創業された中野常務が上司でした。宝石企画部は企画とデザイナーで二十五名ほどだったと記憶しています。

始めて社長にお会いした時は、真っ白なスーツをお召しになり強烈なオーラを放っていて、二十歳の宝石に縁の無かった私には、四十年近く経った今でも、その威圧感を覚えています。

会社はそのころ、ちょうどシルクロードをテーマにして洋服・子供服・宝石の方々が、現地を旅してデザインをするとのことで、なんとスケールの大きい会社かと感心していました。

外部デザイナーでは、髙橋まき子デザイナーがデ・ビアスのダイヤモンドデザインコンテストで何度も入賞されて様々な宝石雑誌で取り上げられ活躍されておられたので憧れて

いました。

そんな華やかさの反面、内部デザイナーは給料も安く、確か基本給十三万五千円で年契約だったので、生活がつらくて毎日いつ辞めようかと思っていました。一年後、同期で残ったのは私一人でした。デザイナーという職業柄、実力がものをいう世界だったのだと痛感していました。幸い三貴はジュエリーデザインを勉強するには資料も宝石もファッション誌など環境は整っていましたので、早く一人前のデザイナーになれるよう猛烈に勉強しました。

もともと、ジュエリーに縁がなかったので、東京中の宝石店に行き、海外へ行った時も怖いもの知らずで高級宝石店に入り、様々なジュエリーを見ることから勉強しました。デ・ビアスのコンテストにも挑戦しましたが、国内予選を通過するのみで、受賞することが出来なかったのは残念でした。

入社当時ジュエリーマキの店舗数は二百五十店くらいだったと思います。それから八年のうちに八百五十店舗に増え、イルエル、エブも合わせるともっと多かったはずです。オフィスも池袋オークビルからサンシャイン近くのビルに移り、入社三年目で、イルエルのチーフデザイナーを任され、その後、山本デザイナー退職後、ジュエリー・マキのチーフデザイナーを務めました。宝石デザイナーも四十名以上になっていたと思います。
同じフロアーは洋服と子供服を含め二百人のデザイナー・パタンナーが在籍しており、統括されていたのは熊谷部長、大川次長、松谷係長でした。新卒でデザイナーも多く入社していましたので、その方々の育成も大きな仕事の一つとなりました。

宝石デザイナー室では、毎月のように百型以上デザインを起こしてお店に新型を投入していました。中でもテレビコマーシャルに使われるジュエリーはデザインするのもワクワクしていました。ボディジュエリーは他の会社では無い発想でしたので楽しくデザインさせていただいたのを覚えています。新しい商品を作るためにイメージマップや商品構成を企画の方々と作り「社長報告」をするのですが、時には夜中になり大変でした。社長は午後に来られ、沢山の漢方薬を飲んでおられたので夜中でも関係なかったようですが。

私事ですが、二十八歳の時に子供を授かり、妊娠九か月まで仕事を続けさせていただき、当時フジテレビの『ウゴウゴルーガ』のお仕事いっぱいのコーナーにジュエリーデザイナーの紹介で出演させていただいたのが思い出になっています。その後、退職いたしましたが、二年後職場復帰制度を利用しデザイン室に戻りましたが、当時は、職場復帰をしたものの、以前のメンバーは一人もおらず、デザイナー室は解散していたようです。

その後、二度目の育児休業後復帰しましたら、憧れの髙橋まき子さんが新しくデザイナー室を取りまとめていらして、一緒に仕事ができることが幸せでした。

しかし、それも三度目の育児休業を取っている間に、デザイナー室が再度解散したので、一時はデザイナーが一人になり二百人いたフロアーで、一人でデザインしている時期もありました。当時では、こうして産休・育休を取得することが珍しい時代でしたので、上司だった木代さん、細小路さんには、承認を取るのに大変な配慮をしていただいたのだと思います。最終的には、当時は珍しい在宅勤務もさせて頂きました。

そうして十七年間を三貴とともに過ごしましたが、さすがに三人の子育てと仕事の両立も限界になり、退社いたしました。その後フリーになり、細々とデザインを続けてきて数年後、ベルギーのHRDダイヤモンドコンテストのファイナリストとなり、本格的にフリーのデザイナーを始めるにあたり、木村社長にご挨拶に行きましたところ、デザインのお仕事を頂くことが出来、さらには、地方の催事にデザイナーとして参加させて頂き、リフォームのデザインをいたしました。横浜、大阪、静岡などに参りました。

その後は何度かの民事再生で会社は浅草橋の小さなビルに移っていました。そうした中でも社長とお話する機会がありましたが、入社当時に感じた強烈なオーラは以前と変わらずそのままでした。

三貴という会社は、バブルの流れに乗り宝石市場に大きく貢献した会社だと思っています。私にとっては、縁の無かったジュエリーという世界を教えてくれ、沢山の辛いことと楽しいことを与えてくれた場所でした。

現在は、子育ても終わりましたが、今も宝石のデザイナーとして仕事を続けていられるのも、三貴があったおかげであり、そこで出会った皆様のおかげです。

木村社長と三貴で関わったすべての方々に感謝申し上げます。

（入社一九八五年　退社二〇〇二年　在籍期間：十八年　在籍部署：宝石デザイナー室）

人生で大切なことを『三貴』で学んだ

清水　敦子

年号が「昭和」から「平成」に変わった頃、私は転職活動をしていた。幼稚園教諭から一般企業面接に戸惑いながら、あっという間に季節は冬に。そんなある日、新聞の折込チラシで「子ども服　ファニイ」の募集を見つけた。

接客の仕事ができる？・・と内心思いつつ興味本位で面接から採用までとんとん拍子に進み、大阪事業所での配属前研修へ。

当時、中田インストラクターと新美インストラクターが三貴という組織についてと、店舗実務の指導をとても熱心にして下さった。この時印象的だった事がある。研修が終わり、フロアのエレベーターに乗る際にインストラクターがエレベーターの扉が閉まるまで私を見送って下さったのだ。何とも温かい心遣いに感動した。

ファニイ金剛店に配属の日、緊張の初日とは裏腹に、十二月でセール真っ只中。

店長は「私は教えるのが苦手だから」と一言。先輩がＯＪＴやロープレもして下さったが、何より沢山のお客様に実際に接客する事で「商品が売れる喜び」を実感した。そんなある日、親子連れのお客様が来店されて接客に付いた。

「上下コーディネートをしてほしい」との事。「えーっ!!」と内心焦るも、必死で2パターン提案しお買い上げ頂いた。お客様が帰られた後、店長がとても喜んで「ありがとう!今日の日割りを超えたよ!」との事。当時の私はまだ「日割りって何?」のレベル。ファニイの可愛い商品を販売する喜びを体感しながら、あっという間に八ヶ月過ぎたある日、他店への異動の話を頂いた。

今より小規模店。せっかく慣れてきたのになぜ?・・店長職での異動だった。

立場が変化→タイプの違う店舗にとまどい→日々販売の喜びは薄れていた。

その時、研修で教えて頂いた「五惚れの精神」の「地域に惚れる」が心に響く。当時TELアプローチやDMセールが盛んでSSさんと協力。目標意識をもつ事、達成の喜び、小規模店ならではのアットホームでリピーターの多い店舗にしたい!という思いが深まり「日割り」の大切さも実感した。一度だけ、与えられた目標数値にプラス数値を設定し日割り表を作成してみた。SSさんたちに内緒でやってみたところ、見事目標クリア!すごく嬉しい瞬間だった。店長職を経験したからこそ、見える景色と学びがあった。

その後、大阪事業所の総務人事部に異動し、研修インストラクターと採用面接の仕事を通して、それぞれの役割を果たす大切さを知った。西日本エリアへの出張等数多く経験させて頂いた。その後、子ども服、婦人服部門が撤退し、数年後に三貴を卒業。入社から六年六ヶ月が経過していた。振り返ると、時代の流れもあり、とてつもなく濃厚な日々を過ごしていた。組織で仕事をするという事は何より自身の成長につながる貴重な経験をさせて頂いた。全ての経験値が「生きる力」となった。

その後私は、人材ビジネスの営業職、児童書出版社の営業サポートを経て、現在個人で絵本専門士として子ども~大人まで絵本を手渡す活動をしている。

在職中に『感謝と挑戦』という言葉を河野元副社長より何度もお聞かせ頂いた。新たな事に挑戦する度に壁にぶち当たり、必死で考えて行動する事で「道が開けてくる」を経験した事は自分にとって何よりの財産となった。

私の好きな言葉は『一期一会』三貴との出会いは人生の宝物だ。

（入社一九九〇年　退社一九九七年　在籍期間：七年　在籍部署：大阪三貴）

創業間もない「㈱三貴」の木村和巨社長

鈴木　豊

木村社長は、早稲田の大学院を卒業後、コンサルタント会社勤務を経て、昭和四十年に㈱三貴を設立した。確か資本金は五十万円だった。私は、体育局ワンダーフォーゲル部、商学部、同大学院等で、木村社長の二年後輩であったため、当初、社長が営業、私が事務をはじめ、経理関係を担当した。設立当時の会社所在地は、木村社長の自宅の書斎であった。社長の読書量は、比較にならない。とにかく勉強量は大変なものであった。原理原則を学んだうえで、自分へのヒントを吸収する、そしてそれを実行して行く。このことを、次々と入社してくる社員に対して遵守させることに大変な苦労をしたのではないかと思う。入社する人も数知れず、社長の経営方針に同調できず、退社する人も数知れずであった。

私は、昭和四十三年六月税理士登録、同年秋公認会計士二次試験に合格し、昭和四十五年一月に監査法人に入所した。従って、三貴と共に歩いたのは、高々五年でしかない。短期間ではあるが、そこでの思い出について若干記述することとしたい。

1　社員みんなでガーネットやアメジストの石止めをした。止め方が緩いと、カタカタと鳴った。それをもって社長は、仙台に出張し、全部売却し、多額の現金を回収してきた。確かなルートはあったかも知れないが、商売に対する執念を感じた。

2 資金繰りは常に逼迫していた。商品を売っても、すべて仕入れや細工屋に支払ってしまうためである。某社員がうそぶいて、電話番号を読んで「クルシム（964）お予算（043）」。確かに、利益は順調に上がっていたが、税金を支払う現金がない。社長命令で、税務署と掛け合って、分割の手形で支払った。開き直りの精神である。宝石が差し押さえられたが、差押証書は、金庫の扉の裏側に貼られた。宝石を売るのには何の支障はなかった。

3 年に何回もの増資をした。社長の給料や株式に対する配当金等が原資になっていた。司法書士は使わず、すべて私が参考書を見て見様見真似で増資の手続を実施した。銀行との輸入決済の手続も任せられた。

体育会の先輩ほど怖いものはない。個人的には、無理と分かっていても何でもやらされた。確かに交渉をしなければ、現状維持か衰退でしかない。進歩も発展もない。この結果、かかる小さな会社が、社長の限りない経営者としての執念の下、役職員一体となって、過去に類を見ない売上高を誇った㈱三貴に発展することになる。

（入社一九六五年　退社一九七〇年　在籍期間：五年）

三貴の思い出とその後

鈴木　稔

私は、平成二年四月一日に新卒で三貴に入社しました。就職活動をしないまま九月を迎えてしまい、ほとんどの会社が内定を出し終わって困っていたところに、三貴の募集を見つけました。宝石で有名なマキを経営している会社でしたし、宝石売上日本一と知っていたので、受けてみることにしました。当時は売り手市場だったこともあり、無事に受かって入社することにしました。この時は、選ばれて入社に至ったと思っていましたが、そうでなかったことを入社後に知ることとなるのでした。

最初の配属先はファニイ広島宝町店でした。四月十二日でした。子供服ではまだ日本一ではなかったので、この手で日本一にしてやろう、くらいに思って燃えていました。実際に販売の仕事をやってみたら、大変さがわかりました。月間個人売上百三十万円でA級の職位となるのですが、A級になることは必達でした。こんなに単価が安いのに、そんなに売れるわけないと思ったものです。平成二年七月一日付でファニイ岸和田店に異動になりました。三ヶ月たたずに異動となり、異動が早くて驚いたものです。この時期には新卒で店長になる人もいて、その昇格の速さにも驚いていました。そういう私も店長になる日が来ました。平成二年八月二十五日、ファニイ堅田店で店長を務めることになりました。店長ではありましたが、経験は少なく、またSSさんのほうが年上だったり、自分以外は女性だったりで、大変だったのを覚えています。四ヶ月半くらいで、ファニイ住道店に異動になりました。ここは、前任店長の勤続が長く、その店長のファンが多かったため、その店長の退職で一気に客数が減少したのでした。社会人経験がない中で、個人売上目標と店舗売上目標の両方の達成を求められる店長は大変な仕事でした。

平成三年四月一日、東京本社の採用部に異動になりました。新卒採用の担当で、十月末までの七ヶ月限定での異動でした。会社の規模拡大の方向でやっていましたので、社員数も増やすことが求められました。面接試験と適性検査をしていましたが、基本的には、不採用は出さずに進めていました。他社へ流れる人が多くいたので、なるべく多くの内定を出すようにしていました。二年前の私もこのような過程で入社をしたのであり、決して選ばれて内定になったわけではないことがわかったのです。それよりも困っていたのは、自席での喫煙でした。当時は自席で自由に喫煙できました。たばこを吸わない者にとっては他人のたばこの煙はつらいものでした。

平成三年十一月一日、再び店長として異動になりました。ファニイベビーアルパ店です。ここでは店長二名体制で、私は副店長でした。一ヶ月たたないうちにファニイ千葉店に副店長として異動になりました。その後は、ファニイ高根木戸店、ファニイ津田沼店で店長を務めました。東京は大阪と違い、値切るお客様はいなくて、商売がしやすかったです。

平成四年五月七日ゴールデンウィーク明けに、東京本社の経理部に異動になりました。予期せぬできごとに戸惑ったものです。経理部には約三年在籍しました。主に決算を担当する主計課にいました。初めは簿記の知識はなかったのですが、自分で勉強して簿記三級と二級を取りました。仕事では、公認会計士の先生たちや税理士の先生とやりとりがありました。そうする中で、簿記の資格だけでなく、その先を目指そうと思うようになりました。公認会計士か税理士にしようと思いました。公認会計士は七つの科目に同時に合格する必要があったため、困難と判断しました。税理士は一科目ずつ合格していって五科目に達すればよかったため、こちらを目指すことにしました。そう決めましたが、三貴の仕事はハードで、帰りは終電、休みは月二回程度、泊まりや徹夜もありました。この環境では目標達成は不可能と判断し、三貴を辞める決断をしました。そして平成七年六月十六日に退職しました。後になって三貴が倒産したことを知り、結果的にあの時辞めて正解だったと思っています。

三貴を辞めたあとは、N社、P社、J社と転職し、その後、派遣社員として四社に勤務しました。この時点で平成十九年七月三十一日でした。税理士試験は五科目のうち四科目合格していましたので、そろそろ税理士の先生の下で働こうと思いました。就職活動の結果、会計事務所に就職が決まり、平成十九年九月三日から勤務開始となりました。その後も会計事務所の転職を繰り返しながら現在に至ります。最近の転職は令和四年十二月で、会計事務所の勤務は現在のところが九箇所めになります。

税理士試験の勉強は、平成六年十月に大原簿記学校に通い始めたことでスタートしました。三貴在籍中に開始したのです。一科目めは簿記資格取得の勢いで、一回で合格しましたが、そう上手くはいかないもので、三科目めからは苦戦が続き、五科目めに合格したのは平成二十二年でした。試験合格が五科目になったからといって、すぐに税理士になれるわけではなく、審査の通過と二十万円近いお金が必要でした。それをクリアできて、平成二十三年三月二十三日に税理士の資格を得ました。

私が税理士を続けていられるのは、三貴のおかげです。三貴で経理部に配属されていなかったら、別の人生を歩んでいたことでしょう。とくに目標もなくサラリーマンになった私にとって、目標を与えてくれた三貴、そして応援してくれた先輩方に感謝しています。

（入社一九九〇年　退社一九九五年　在籍期間：五年　在籍部署：大阪小売事業部子供服部門・採用部・東京小売事業部子供服部門・経理部）

三貴と私

相馬　法子

四十五年前、当時三十二歳の私は、二児の母親で、二十代の頃の看護師しか職業経験がありませんでした。その私が、三貴の婦人服ブティックジョイ西堀ローサ店に入社となりましたが、販売経験のない私にとっては、働くには厳しく、はじめは宗教団体に入ったかの様に思えました。

朝礼は社是から発声訓練、笑顔訓練、歩行訓練、今日の目標、個人の数字の確認が続き、他、昼礼終礼で忙しい毎日の中、接客マニアルの徹底など私は覚える事に必死でした。

試用期間が終わると同時に、心構えも整わないまま店長を命じられ、四苦八苦の毎日でしたが上司の方々や仲間達に恵まれ、数年経ると次第に販売が楽しくなり、いつしか「天職」かとも思えたりしたのです。

厳しい毎月の店長会や販売に関するノウハウを学び鍛えられた二十五年の勤務でした。あれ程人材育成に力を入れた企業があったでしょうか。そのお陰で七十七歳の私は今でも楽しく宝石に携わった仕事をしております。

新潟第一号店ブティックジョイ西堀ローサ店
スタッフ一同

椿山荘でのパーティー 木村社長と松本地区の店長

今にして思う事は、苦しい事、嫌な事、楽しい事が沢山ありました。それが私の血となり、肉となり、私の人格形成となったと思います。「感謝」です。

今となれば、社是の　一創造　一挑戦　一信頼　一相互扶助　一愛　が理解できます。

それと多くの仲間とお客様に出合った事が私の宝になった事への「感謝」です。

ありがとうございます。

（入社一九七八年　退社二〇〇三年　在籍期間：二十六年　在籍部署：婦人服・宝石小売事業部）

自分への自信

曽根　あけみ

私が（株）三貴に入社したのは、一九九四年（平成六年）十一月宝石小売銀座ジュエリーマキ南松本店がスタートでした。南松本店に七年その後自己都合により転勤になり春日井店に三年勤めました。

在籍期間は約十年となり三貴で学んだ事は数多くあり三貴での十年があったからこそ今の私があるのだと思います。

ジュエリーは若い頃から好きで付けており、キレイなお仕事と言う事で入社致しました。しかし販売となると厳しく、当時の店長より、『1CTのダイヤモンドプチネックレスをお勧めして一人で販売できるようになれば一人前だよ‼』と言われ、ロープレを行い、セールストークを覚え、販売に一生懸命だった事を覚えております。

販売の楽しさ・・・お客様に自分がお勧めした商品を喜こんで頂き、購入してくださった時の喜びが販売の楽しさだと思います。

またそのお客様が、次に来店して頂き自分の顧客様へとなっていく顧客様づくり、人と人との信頼関係をつくっていくお仕事に誇りを持てるようになり、偉大な三貴のジュエリーマキで働いていたと言う自分の自信へと繋がりました。

社内研修がしっかりおこなわれており、毎回の研修では四十二個のほめ言葉のテストがあり、一字一句覚えました。

宝石の知識、言葉づかい、立ち振る舞い、笑顔、歩行訓練、発声訓練等を学びました。

その甲斐あってアシスタントになり、店長の片腕となり、毎月目標に向かって数字を追う毎日でした。

ジュエリーマキ南松本店 左から２人目 相馬店長、その右、曽根

年々売り上げを取るのが厳しくなり、催事にお客様を呼ぶ電話アプローチが、日々のお客様をお呼びする電話アプローチへとなり、ＰＨＳ電話機を一人一台持たされました。手にはたこが出来るくらいをＰＨＳを握りしめて、一日中電話してました。

毎日電話アプローチのために出勤しているかのようになり、電話アプローチ件数ノルマがあり、確約を取って帰る。

このような状態が続き、売り上げがないと販売員が数字をつくる為に商品を買う事も多々ありました。

「何のために働いているか分からない‼」と言う声をよく聞くようになり、私も退社へとなりました。

良い時も悪い時も色々ありましたが、ジュエリーマキでの経験が今の自分をつくってると思うので三貴で働いた十年間は私にとって人生勉強になったと感謝しております。

三貴退社後も宝石のお仕事につき今に至っております。

（入社一九九四年　退社二〇〇四年　在籍期間：一〇年　在籍部署：宝石小売）

三貴での想い出

高橋　毎子

自宅のポストに三貴の募集広告が入り、早速面接に行き採用される事になり、婦人服マリエールに配属になりました。四〜五店のお店を経験しました。どのお店も私は大好きで伸び伸びお仕事が出来ました。

その中でブテイックJOYサンシャインアルパ店の店でお仕事をすることになり、木村店長の下で働き、情熱を燃やしました。木村店長は、三貴のこころをこの上なく愛し、社長の方針を信じ上司の方々の教えを忠実に守って、又一緒に働くそれぞれのスタッフ一人一人を大切にして、教育をして下さいました。毎日喝を入れる浅黒い情熱的な石井部長の電話先からの声が良く聞こえました。

必死に活動する上司の方々、マネージャー、タスク、数字と向き合い、各所属の三貴グループの方々が一つの夢に向かって挑戦する光景は社長の不動心が社員一人一人の心に通っていたのではないかと思います。亡くなられた木村社長は時代の象徴と言えるでしょう。

売上高で業界世界一を達成させたその偉業を果たした事は感無量です。社員に対する想いは強く、こんなエピソードがありました。北海道産の新巻鮭まるごと一匹プレゼント宅急便で自宅まで送って下さり、さらに東京の椿山荘でパーテイなどをくり広げ、今でも活躍しているスターを招くなど夢を与えて下さいました。実に魅力的なお人柄でした。

私事ですが、数えきれない恩恵を受け、婦人服での売上トップ、さらに海外旅行のご褒美まで頂きました。その中で仲間の方の支え、お店を守って下さった皆さんのおかげで現在の私があります。三貴グループで学んだ事は血と汗と涙となって私達を成長させて下さったのではないかと思いました。思い返しますといい事も時には悪いと思われる事もあったと思いますが、今となってはいい思い出だけが心に残っています。上司の方々、私の個性を生かして下さったスタッフの皆様、お店に携わった全ての方々に心から感謝申し上げます。

（ブティクジョイアルパ店メンバー）

小売事業部で社長の片腕となって全身全霊、三貴グループを盛り上げて下さった河野善四郎様、小売事業部の「ボス」と言われ、店長会のお話は眼がハッキリ冴えて、とても迫力がありました。でも時には情が熱く、寅さんのような魅力的なお人柄でした。現在も三貴学校の同窓会でお会いできて幸福です。

現在、私は朝早起きして、公園で、ラジオ体操、呼吸法の動きを入れた柔軟体操を毎日しています。又、オペラなどというと敷居が高いと思われるかもしれませんが、只々やってみたいと言う思いが天に通じたのでしょう。オペラ「夕鶴」のアリアを、発表会に向けて日々練習に明け暮れています。さらにバレエも挑戦します。

これからの私の想いは全ての方々に感謝の心と謙虚な心を忘れないようにし、第二の人生、毎子という名のとおり毎日、日々精進してまいります。

創業者（社長）以下、上司、先輩、同僚すべての方々に改めて感謝申し上げます。

ありがとうございました。

（入社一九八四年　退社一九九七年　在籍期間：十四年　在籍部署：東京婦人服）

「気づかされたあの時の会話」

髙橋　まき子

私は、美大を卒業し、当時誰もが知るメジャーなジュエリー企業には魅力を感じず、まだ未知数ながら、革新的企業としての将来性への期待と、デザイン業務での貢献と自己成長を合わせたワクワク感をもって、「三貴」に入社した。

ジュエリーデザインについては社長に直接、褒められたり、怒られたりした覚えはない。しかし、入社したばかりの若いデザイナー達は、独創的と自負する自分達のデザインについて、社長に「なぜこのデザインを採用しないのか。」と主張していた。私もその中にいた。

入社して全てが初めての事で、ジュエリーデザインはもとより、カメリアダイヤモンドのブランドメーキングから、コマーシャル等、種々のクリエイティブ業務に携わり、すさまじい程の学びの毎日だった。

「世界的なダイヤモンドのデザインコンテストがある、その位挑戦してみろ」という社長の言葉に触発されて、私は通勤の電車の中で小さなスケッチブックにアイデアを書き溜めていた。その中の一つでチャレンジし、デ・ビアスダイヤモンドインターナショナル賞を受賞し、世界中から集ったジュエラーと、前夜祭から始まるパリでの華やかでもあり名誉な授賞式に渡辺さんと共に参加したのは、忘れられない出来事だった。

その後、結婚を機に退社し、フリーのデザイナーとして活動を始め、三回続けてダイヤモンドインターナショナル賞を受賞した時も、三貴は何の条件もなく、フリーの私に快くスポンサーを引き受けてくれた。そして日本女性で初めてダイヤモンドインターナショナルアカデミー会員となった。ダイヤや地金などの素材価値中心に回っているジュエリー業界において、珍しく、デザインなど、感性中心で普遍性が数値化しにくいソフト面の価値に非常に重きを置いてくれた木村社長だからこその、後押しのおかげだったと心より感謝している。

その後、一九九〇年（平成二年）頃、三貴がジュエリーのトップ企業になって、「話があるので来てくれないか」と木村社長から呼び出されてお会いした時、不覚にも五分ほど遅刻した。会社の入り口まで迎えに来て待っていた社員に「社長を待たすなんて何て事だ」と急がせられた。「申し訳ありません」と駆け込んだ私に「デザイナーなんてそんなものだ」と柔らかく迎えてくださり、昔「お前たちが何でこのデザインを採用しないのかワーワー言っていた頃が懐かしい」と言われて、そのころの事を初めて思い出した。「今はみんな私に遠慮して、逆らうやつがいなくなった」とちょっと寂しげな様子だった。

その時、「どうしても、ジュエリーマキはバーゲンのイメージが強いのでイメージアップの為にMAKIKOのコレクションを新規に展開したい」と言われ、私はその言葉がうれしく、育てて頂いた三貴のお役に立てるならばと、有難く引き受けた。

働く女性たちの日常が、美しく（beautiful）知的に（intelligence）輝いて（brilliant）ほしい、という願いを込めて、頭文字をとってBIB（MAKIKO・TAKAHASHICOLLECTION）とブランド名を決めた。

そのBIBのコンセプトを考える時、私がまだ社員時代の木村社長の言葉を思い出していた。

それは、バンコックで三貴の展示会を催し、日本からお客様に来て頂き、タイ産の宝石をお買い上げ頂き、それにオリジナルなデザインをしてジュエリーに仕立てるというイベントで、デザイナーとして参加していた時に言われた言葉だ。私はその時にタイシルクの専門店で洋服を作った。デザインは自分でして、長い滞在中ホテルに届けてもらった。

せっかくなので、そのバンコックでの展示会に着て出席した。木村社長に「へー、どうして、こうゆうデザインにしたの？」と質問された。私は「素材が本当に美しいので、それを生かしてシンプルに長く着られるように、でもどこかかっこいい、そんなデザインにしたつもりなんです。」と答えると、「そうか、ジュエリーもそういう風にデザインしてほしいんだよ。」はっとした。デザインは自由にさせてくれていた社長が、ただ一度私にデザインについて注文した言葉だった。

今迄、どうしても自分の感性を押し付けがちだったデザインから、素材を生かし、シンプルに、そしてどこかアート感覚にあふれるデザインを心掛けるようになったのはその頃からで、マキで、全国展開をしたブランド「BIB」のコンセプトもそれだった。

一人でも多くの人にジュエリーの「楽しさ」、「わくわく感」をお届けするんだという心と、少しエッジのきいた「Simple is Best」の私のデザインポリシーは、木村社長のあの時のあの言葉から大いに影響を受けて、今に至っているのだと確信している。

（入社一九七〇年　退社一九七六年　在籍期間：六年　在籍部署：Ｊハウス）

思い出いっぱいの三貴学校

津田　耕一

三貴に入社し、新卒男子約百名で二週間泊まり込み研修に参加しました。

規則正しい生活の中で、朝は全員で発声訓練から始まり、接客訓練等同期で励まし合いながら乗り切った思い出があります。ほめ言葉四十の丸暗記は必死になった記憶がありま す。

この期間中に、配属が婦人服部門に決まり、最初の配属は、ブティックジョイ成田店（旧ダイエー1F）でした。当時の目黒店長、甲斐副店長には基本の接客を叩き込まれました。一日百枚のハンドビラ配布もしんどかったです。

あっという間の半年が過ぎた頃、大輪田マネージャーから、立川駅ビル店の店長として異動を命じられ、大きな不安を抱きながら、立川駅ビル店に出勤しました。初めての店長としてのスタートを切ったのですが、程なく、一つ上の先輩男性店長が退社する事になっていました。

約二週間程引継ぎしてもらいましたが、翌月には主任社員も辞め、翌々月にはもう一人の社員も辞め、私一人体制になってしまい、どうなるのだろうという気持ちと焦りで、いっぱいいっぱいだった記憶があります。
その時は、近隣の店舗の皆さんから助けて頂き、大輪田マネージャーからの激励を頂き、何とか店を回す事が出来、新しい方も一ヶ月後に入社され、二人で売上アップに向け奔走しておりました。おかげで当初ワースト全国一位の立川店が、五ヶ月後には、達成率で一位に躍進を遂げました。その時大事だと感じたのが、たった一人で朝礼昼礼終礼を欠かさず実施した事、目標達成を諦めずに追っかけた事、お客様を大切にする事の三つでした。

その後は、大宮そごう店オープニング店長、半年後、タスクマネージャーの修行として大阪へ赴任、一店舗の改善を任され、半年後には、正式にタスクとして大阪三貴に配属され約二年間、関西弁や文化の違いで苦労した思い出があります。また東京に戻り、タスク、新宿本店の支配人と色々経験をさせて頂いた次第です。
今思うと、「三貴学校」は、激動の十年でした。本当にあっという間という一言です。

当時の河野副社長からは、特に強すぎる叱咤激励を体全体が覚えております。同行多々していただき、ご指導頂きましたが、その中で、女性社員に対するモチベーションアップ、コミュニケーションの大切さを教えて頂き、三貴を退社してからの仕事、人生に役に立っております。

木村社長は、ワンマン社長という印象ですが、目標を高く持ち続け、決して妥協せず、情熱を会社、社員達にぶつけていた方だと思います。

よく「三貴を卒業した人は、何処でも、何処に行っても通用する」と言われていました。私も仕事の中で辛い時苦しい時には三貴時代を思い出し、当時乗り越えられた事を自分に言いきかせたので、ここまでがんばってこれたと思います。

三貴の十年は、よく働き、よく飲み、激動の時を過ごしましたが、私にとって最高に楽しかったです。間はあきましたが、今こうやって同窓会の皆さんとつながる事ができて嬉しく思います。


（入社一九八六年　退社一九九六年　在籍期間：十一年　在籍部署：東京小売事業部・婦人服部門・営業部）

三貴で学んだこと

長岡　亨

私は三貴に入社する迄は、パリコレに進出したこともあるイケダタカオという婦人服デザイナーズブランドを販売する、〝スノッブハウス〟という小さなマンションメーカーで、婦人服のルートセールスをしていました。

新卒で入社して一年経過した頃に経営が悪化し、デザイナーズブランド部門を強化していた三貴にあっけなく吸収合併されました。在籍していた社員は全員退職しましたが、アパレル業界の経験が浅い二十四才の私にとって失うものは何もなく、大企業に入る大きなチャンスをもらったと考え三貴への入社を希望すると、何故か入社試験も面接もなく、あっさりと就職が決まりました。

三貴では〝スノッブハウス〟という吸収合併した社名をそのまま残した繊維卸部門で、デザイナーズブランドを中心とした子供服の新規開拓の仕事がはじまりました。それまでのルートセールスと違って、一日に一〇数件回る新規開拓の仕事はとてもきつかったのですが、山本寛斎の子供服を大変気に入り新規取引を始めて頂いた、上尾市のアンディという子供服店様にはとても御贔屓頂きました。又卸部門の研修会では社長の話を聞く機会が度々あり、一語一句聞き漏らさぬように付いて行くのが精一杯でしたが、ヒトの心を射抜くような社長の鋭い眼光は、今でも鮮明に思い出すことができます。

その後、繊維卸部門消滅に伴い、子供服ファニイ津田沼店の店長として二年ほど勤務しました。ファニイでは、個性豊かで年齢も様々なスタッフを束ねるという人事のマネジメントを大いに学ばせて頂きました。

こうして昔の記憶を振り返ると六十六年の人生の、わずか三年間でしたが、とても濃密な時間だったと改めて感じます。三貴で経験したことは、教師でもあり反面教師でもあり、その後の人生に少なからず影響しています。

名古屋に戻ってからは鍼灸の専門学校に入学、東洋医学と鍼灸学を学んだ後に小さな鍼灸院を開業して三十五年、患者様も増え、お陰様でベッド一〇台スタッフ十四人を抱える鍼灸院となりました。

ファニイにいるときには、商品知識を学ぶ時間がなく、仕事に追われる日々を送っていたある時「一生をかけて学ぶものを見つけたい。」という強い気持ちが湧き上がり、鍼灸師という国家資格に魅力を感じ、三貴を退職し、名古屋の鍼灸専門学校に入りました。

在学中は医学を学ぶことが楽しくてしょうがなく、学生の分際で多くの学会にも参加してとにかく猛烈に勉強しました。五年経過し卒業する頃には「何処にもないような魅力的な鍼灸院を目指す。」と考え独立開業しました。

こういった発想は三貴から自然に学んだのかもしれません。

現在名古屋市在住ゆえに、なかなか叶えられませんが、繊維卸部門でお世話になった上司や同僚とは飲み会で会うこともたまにありますし、なにより当時の仲間と今でも繋がっていることが三貴で得られた大きな財産のひとつです。

（入社一九八〇年　退社一九八三年　在籍期間：三年　在籍部署：繊維卸（スノップハウス）・ファニイ津田沼店）

長岡享さんは寄稿文を送付後、五月二十二日にお亡くなりになりました。
ご冥福をお祈りいたします。
合掌

めぐり逢うことから人生のスタート

中野　修

今年十二月十日で八〇歳の爺になります。早い、遅いと過去を振り返ってみると、人のめぐり合わせで今日があることは事実です。

小学校・中学校・高等学校・そして三貴も一緒の涌井清治君、中学校・高校そして三貴も一緒の武田義明君（ジョイ横須賀店店長）・橋本勝正君（白馬・カメリア山荘）ｅｔｃ

高校卒業後最初に就職した化粧品メーカーで三年目に社員旅行の幹事をして、当時の橋本勝正君の旅行斡旋業に世話になり、社員旅行は成功、旅行斡旋業に魅力を感じて、橋本勝正君と旅行斡旋業を開業、いろいろ苦労したが当時の旅行業者に騙されて一年で廃業しました。そんな時に木村和巨氏に当時橋本勝正君のお姉さんの孝子さん（木村社長の奥さん）の関係で三貴が創業するとの事で、参加させて頂きました。

三貴では約二十二年間お世話になりました。この約二十二年間にいろんな人たちとめぐり逢う事が今日にも関係しております。

一番大きいことは、当時ＬＦ商品部に在籍しておりました高橋恒子さんは今も一緒に仕事をして頂き大変に感謝しています。三貴を辞めてから三貴さんから頂いた仕事、香水を製造、納めさせて頂いた事も思い出です。

三貴でのめぐり逢う方々の中で最近までお付き合いのある方々は宝飾業界の方、職人さんや工具関連の業者なども関係して、又、ファッション業界の方々の関係で年に数回の会合あり、デザイナー・ファッション業界・報道関係の方々、その中でも古くからお付き合いのあった、デザイナーの山本寛斎氏（二年前死去）とイベント企画の仕事等を続けていました。


今は小さな会社を経営して創業約三十二年です。主力商品は磁気研磨機、商売相手は工業界でモノ作りの関係した仕事が主です。ほとんどが製造業関係の全国の展示会に参加しています。

大きなイベントから小さな展示会までいろいろな

***New Year Message From* 役員**

中野修
OSAMU NAKANO
常務取締役

新年明けましておめでとうございます。今年は飛躍する年として商品部は生産体制を充実していきます。そのためにも、まず良い商品をより安く提供できるしくみをつくり、お客さまに喜んでいただくこと。そして必要な商品をいち早く、タイミングよく、なおかつ新鮮な形でつくり続けてゆくこと。これらを今年の課題とし、お店の店長さん、SSさんにとって売りやすい商品を提供できるよう努力をいたしてまいります。

社内報「道標」1988年1月号役員からのニューイヤーメッセージ

方々にお世話になりながら、今年もあちこちで行商をしております。

海外にも三貴時代から中国・南米・東南アジア・ヨーロッパ等に買い付けや研修等で行く事もあり、学びました。現在も中国・台湾・タイ・シンガポールに顔を出すことで、役に立っております。

身体の続く限り仕事は続けて行くつもりです。これからもめぐり逢いを大切していきます。いつかお迎えを来るのを待つだけです。

最後にこの企画をされた河野氏、木代氏、古川氏等々感謝申し上げます。


（入社一九六五年　退社一九八七年　在籍期間：二十二年）

三貴学校で学んだこと。

夏梅　美保

ファラ・フォーセットのセクシーな笑顔と宇崎竜童のハスキーな歌声のＣＭに憧れて、三貴の面接に臨んだのは一九八三年（昭和五十八年）十二月の事でした。

当時、アルバイトで生計を立てていた私は、きちんとした会社に所属して、思う存分に仕事がしてみたいという欲求がありました。

人事部の面接官と二言三言、当たり障りのない話しをしていると、「あなたのような若い女性に男の人が出来ると、職場に来なくなる人がいるけど、君は大丈夫かなぁ？」と突然に不躾な質問が飛んできました。

「失礼じゃないですか…」と、怒り顔で言い返した私。

私の憧れだった会社のイメージが、あの面接官の失礼な質問で大きく崩れ、がっかりしたことは言うまでもありません。

面接終わったー。これで落ちた。あんな失礼な人がいる会社とご縁がなくて結構だわと思ってしばらくすると採用通知が届き、電話すると一月から働けますか？とのこと。

迷いに迷った挙句、一週間だけ行って様子を伺い、その後の事は自分の直感に任せようと心に決め、配属先に決まった新宿サブナードのファンジュエリーエブに行くことにしました。

毎日が覚えることばかりで一週間は瞬く間に過ぎ、たった一週間では何もわからないと感じ、せっかくご縁が生まれた職場なのだから、もう少し頑張ってみようと気持ちを立て直し、結果、一九九二年（平成四年）十二月末までの九年間を過ごし、私自身が大きく成長できた職場でした。

主な仕事は売り場での接客業務ですが、その他に販売数値に応じて、B級、A級、販売主任、販売係長と業績ランク別の研修がありました。

一年間B級社員だった私は、当時何故B級だったのかが理解できずにいました。

三貴は社会人になって二度目の会社でした。

初めての就職先は京都の老舗呉服店でしたが、そこで接客のノウハウを叩き込まれ、それなりに接客業には自信があったのですが、三貴での接客のノウハウはお客様の心をつかむセールストークに溢れ、接客が苦手な人でも素直な心でOJTを実践すれば、自ずと販売力が身に付くシステムでした。ところが私は素直ではありませんでした。褒め言葉なんて関係ないとも思っていました。

配属されて二ヶ月後、池袋サンシャインアルパのエブに異動になっていた私が、しばらくしてピンキーリング販売本数のキャンペーンで賞をいただきました。嬉しいことに店舗スタッフの四人全てが、一位から四位までを独占しました。

その表彰以降、素直な気持ちがどれだけ自分の身を助けるのかを体感し、仲間と切磋琢磨しながらの接客販売は充実した毎日になっていました。

その後、サンシャインアルパのマキに異動になり、そこで一生忘れられない失敗をしました。当時の男性店長が接客していたお客様は、うつむき加減で言葉をあまり発せず、遠目で見ていた私は様子がよくわからないまま、近づいてきた店長からこう言われました。

「あのお客様は指輪をお探しで、俺は指につけて見せる事ができないからあなたが指に付けて、大きく手を広げて見せてあげて欲しい。頼むから決して動揺しないと約束してくれるか？」「はい、わかりました」と、店長の質問の意味を深く理解しないまま返事をしてお客様の前に進み、指輪をはめてお見せしました。

すると、そのお客様は私の手に付けた指輪をよく見ようと身を乗り出し、私の手に触れようと手を差し伸べてきました。

その時、あまりの衝撃に思わずサッと手を引っ込めてしまったのです。

そのお客様はハンセン病の影響で、指の第二関節から先が、すべて壊死していました。何事も無かったかのように、淡々とその指輪をお買い上げされたお客様を見送った後、店長から優しく叱られました。自分の未熟さを思い知ると同時に、指輪を手元に置いていつも眺めていたいと思うあの方の心の声に寄り添い、真心の接客とは何かを考えるきっかけになりました。

マキに勤務して一番良かった事は、ダイヤモンドを身に付けた時のなんとも言えない高揚感を実感出来たことです。それまで宝石にはほとんど興味がありませんでした。入社して二年後にダイヤの指輪を購入し、その指輪は数度の買い替えでいつの間にか1カラットのダイヤに変わっていました。ダイヤモンドを少しずつグレードアップ出来るマキの買い替えシステムは、私自身の仕事のモチベーションにも繋がっていったように思います。

数々のジュエリーの接客を体験した後、同じサンシャイン内の婦人服に異動になりました。婦人服販売で良かった事は、一流の講師陣によるコーディネート研修や、カラー研修を通じて色彩に興味を持った事です。

退職後にカラーコーディネーターの学校と色彩心理学の学校に通い資格を取得しました。三貴を卒業し、次に就職した会社で、接客のＯＪＴを作成する仕事に遭遇しましたが、三貴での研修シートを参考にさせていただきました。

現在、アパレル会社に身を置き、百貨店で婦人服販売の仕事をしていますが、三貴でのノウハウが活かされ、私自身の生き甲斐と共に生計の支えになっています。

今振り返ると、私に必要な時期に必要なタイミングでご縁をいただき、三貴とそこで一緒に過ごした上司や先輩、そして同僚たちには心からの感謝しかありません。

もちろん私を採用してくださったあの時の面接官にも、私の弱そうな部分をズバリ指摘していただき、後々に感謝の言葉を伝えています。


三貴での数々の体験は時が過ぎた今でも色褪せる事はなく、いくつになってもおしゃれをする気持ちを忘れない事が、私自身の心の豊かさに繋がっています。

（入社一九八三年　退社一九九二年　在籍期間：十年　在籍部署：東京小売事業部　宝石部門　婦人服部門）

忘れえぬ日々そして人々

西村　昭一

私は、三貴を定年退職し、その後三年間嘱託社員として働き、五年半前に職を辞しました。原稿を書くにあたり、三貴での日々を改めて振り返ると、様々な場面やその時の想いが脳裏に浮かんできます。

私は、一九八七年（昭和六十二年）十一月に中途入社しました。

入社試験の役員面接は、財務経理担当の通畑亮一さんでした。通畑さん、私の履歴書をみて不意に「私、あなたが勤めていた会社の工場に行ったことがありますよ」と言われて、縁があるのかなと思ったのを覚えています。

店舗に半年間勤務の後、本部の宝石商品事業部商品管理部在庫コントロール課に異動になりました。入社した当初は、会社の文化の違いに戸惑いましたが、徐々に慣れていきました。その頃は、バブル景気が絶頂に向かう時期で、全てが、イケイケ、ノリノリの様相を呈していました。商品部内は、商品部員、お取引先に加えて他部署の方も頻繁に訪れ、活気に満ち溢れていました。そんな雰囲気の中で、入社後五、六年は、ひたすら仕事に没頭して、一番充実していた時期でした。

在庫コントロール課の業務内容は、一言で言えば店舗及び本部在庫の最適化なのですが、当時は、在庫金額、在庫日数、粗利益率などの数値目標は二の次で、売上の絶対額が全てを解決するような雰囲気で、現実には売上最大化の為、生産された商品をどのように効率よく店舗に配置し、移動するかが主たる業務でした。

在庫管理業務に慣れてくると、疑問に思ったことは、デザイン別管理が出来ていないことでした。当時は、オンライン端末での管理でしたが、ブランド別用途別素材別価格ゾーン別管理で、デザイン別で店舗在庫を検索することは出来ず、かなり大雑把な管理でした。そもそも、ロット商品にはデザイン番号がついていましたが、単品には付いていませんでした。商品部全体でもデザイン別管理は緊急の課題となり、程なくしてシステム対応してもらい可能になりました。

宝石商品部の朝礼、終礼で、印象に残っている場面がいくつかあります。

朝礼時の放送で、私が関わった商品の件で、会社に届いた女性のお客様からの御礼のお手紙が読まれたことがありました。親御さんからか、彼氏からだったのか、はっきり覚えていませんが、商品は地金のブレスレット、サンプル品で、量産はされなかったものでした。「プレゼントされた大切な品物を紛失していまいました、同じものが手に入らないでしょうか？」と、確か神奈川県のお店を通して、話がきました。生産管理のN主任に相談して、特別に作ってもらい、お店に送ったものでした。

宝石商品部、人の出入りはかなり激しかったですが、退職される方は終礼でお別れの挨拶をするの習わしでした。店舗数がMAXの頃辞められたW課長の挨拶で、「私は三貴を去りますが、幸いにも三貴の店舗は日本全国至る所にありますので、度々訪れてみたいと思います」と言われたことを覚えています。残念ながら、「全国至る所にあります」は、遠い過去の話となり、栄枯盛衰は世の習いとなってしまいました。

一九九一年五月に十一日間のアメリカ研修旅行に参加したのは、三貴在籍中最も印象深い出来事のひとつでした。およそ旅とは縁のない環境で育った私にとって、今でも唯一の海外旅行です。チェーンストアの先進国であるアメリカのショッピングセンターを巡って、諸々市場調査をしました。対象店は衣料の店でした。宝石店のチェーンストアでは三貴が世界NO1であり、アメリカの宝石店は見るべきものがなく、衣料の店、当時全盛のザ・リミテッド中心の研修旅行でした。キーワードはスタイル陳列です。その後、宝石部門においても用途別陳列からスタイル陳列へと変わっていきました。

帰国時、ロサンゼルス空港に向かうバスの中で、Y団長が研修旅行中に日本で起こった出来事を話してくれたのを覚えています。安倍晋太郎が亡くなり、千代の富士が引退、滋賀の信楽鉄道で大きな事故があり死傷者多数出ている等でした。今でしたら、ウェブサイトやSNSで、情報は瞬時に得られますが、当時、研修旅行中は情報難民状態でした。隔世の感があります。顧みれば、私が参加した回が最後のアメリカ研修旅行になりました。

六年後にLF部門が撤退するとは、当時は知る由もなかったのであります。


木村和巨氏との業務上での関わりは、神保町に移って暫くして、席が木村氏と同フロアとなった頃からです。木村氏の言動は、理不尽、不合理と感じることが多々ありましたし、ずいぶん叱責されたものですが、恩義に感じていることが二つあります。

ひとつは、当時の私は、商品管理部内での超高額商品紛失の責任を問われ、降格処分を受け、五年が経過してました。「なんで、お前は、降格になってるんだ?」と問われ、これこれこういうわけでと説明しました。しばらくすると、木村氏の判断で降格処分は誤りということになり、職位は元に戻り、降格になっていた五年間の給料の差額分を二年間かけて戻してもらいました。もうひとつは、短期間でしたが担当した企画をクビになった後、私の血糖値の値を聴いてひどく驚かれ、病院を変えろと言われ、すぐに北里病院を紹介してもらったことです。その後程なく二週間入院しました。今でもその時の主治医から紹介された地元の開業医のところに毎月通っています。

会社を辞めてからの期間が、今回寄稿頂いた元社員の中で一番短いのですから、民事再生法を繰り返した以降の話も書くべきなのかもしれませんが、正直な話、あまり記憶に残っていないのです。最後の数年間は思い出したくもないというのもあります。

その頃の最も心に残っている出来事は、二回目の民事再生がひと段落した直後に、当時の社長、森千代明さんが、急逝されたことです。経理部長として、民事再生の対応に粉骨砕身され、社長になられた直後でした。まさに殉職です。いまだに無念でなりません。

思い出すままに、書き連ねました。期せずして今回の同窓会出版編集に携わることになりました。関係各位の皆様へ深く感謝いたします。

(入社一九八七年　退社二〇一八年　在籍期間：三十一年　在籍部署：東京小売事業部・宝石商品管理部・経営管理部・情報管理部)

『ＧＯＧＯハワイキャンペーン』の思い出

西山　英雄

私は、一九八六年に、新卒で大阪三貴に入社しました。最初はマキ岡山店、次にマキ高槻店、その後店長になり、マキ松原店、マキ西大和店と勤務し、一九八八年五月に、宝石商品事業部生産管理部に異動になりました。

三貴在籍中、一番印象に残っているのは、年三回行われるキャンペーンです。キャンペーン期間中の電話応対は、社内用と社外用があり、社内は、「〇〇キャンペーンお疲れ様です」で始まり、続いて所属名前を答えてから、要件に入っていったことをよく覚えています。社内の電話は、慣れてしまえばどうということはないのですが、外部の方は、電話が繋がった時に、繋がった途端に「〇〇キャンペーンの株式会社三貴でございます」と始まるので、面食らっていた人も中にはいたようです。また、キャンペーン名が長い時など、口ごもってしまい、上司の方に怒られたこともありました。三貴に在籍した約十年間で数多くのキャンペーンを経験させていただきましたが、唯一、今でも覚えているのは「GOGOハワイキャンペーン」これだけです。他のキャンペーン名は、まったく覚えていなくて、名称をお考えになった方々には申し訳ありません。GOGOハワイキャンペーン当時、私は宝石商品部に在籍しており、取引先の方から、「西山さんもハワイに行けるんですか？」と、よく聞かれました。（当然ながら私は、行けません）ただGOGOハワイキャンペーンは、理由は覚えていませんが、ハワイ旅行は、中止になったと記憶しています。

その後、三貴を退職し、病院の事務として勤務していた私に、ある日、職員旅行の企画依頼が舞いこんできました。GOGOハワイキャンペーンを思い出して、私はその日のうちに企画書を提出し、ハワイに行きたい看護婦さんと、自分も行きたい院長と、引率係として行く私と見事に意見が一致し、実現の運びとなりました。ひょんな事から三貴の経験が生き（ネーミングだけではありません）遠くホノルルのホテルで感謝した次第です。

（入社一九八六年　退社一九九六年　在籍期間：十年　在籍部署：大阪三貴宝石商品部（生産管理）・東京小売事業部）

そして次の幕が上がりました

二本木　千香

私は現在、外資系生命保険会社で、毎日楽しく自信を持って営業の仕事をしています。三貴での営業経験があったからこそ、当時以上に、お客様一人一人に焦点を合わせた仕事が出来ていることを確信しております。

三貴には、二十五歳で入社しました。最初の配属店舗は、マキショッパーズプラザ横須賀店で、時契社員でした。程なくして、マキショッパーズ横須賀店が退店となり、マキ横須賀店に異動し、年契となり、ストアマネージャーになりました。

実は、入社する前、ファニイ横須賀店で、とても印象的な販売員さんから、ベビージュエリーを購入していました。その販売員さん、笠間敏子さんとは、その後、良き仲間として、長きにわたり一緒にお仕事することになるのですが、その時は、知る由もありませんでした。思えば、運命的な出会いでした。

入社時、右も左もわからない私は、上司の方の指示通り素直に一生懸命業務に励んだ日々を、今でも鮮明に覚えています。目標達成を目指し、一日二百件の電話アプローチ、一日二十枚の手書きレターなど、お店の皆で必死に取り組みました。

マキ横須賀店でのストアマネージャー時代には、営業の神様が何回も助けてくれました。チームワークを高め、七十二ケ月連続目標達成をして、仲間との感激感動を味わうことができましたことは、生涯忘れられません。

三貴では、チームワークを高め、数字を追いかける楽しさ、地道な積み重ねを毎日繰り返すことの大切さや難しさを教えていただきました。そして何よりも、尊敬し合える仲間がたくさんいたことは、とても幸せでした。

二十代、三十代、四十代と三貴で体得した営業経験、たくさんのお客様との出会い、仲間と勝ち取った目標達成など、「人生の財産」をたくさんいただき、心から感謝しております。

今回このような出版事業に参加させていただき、私自身、

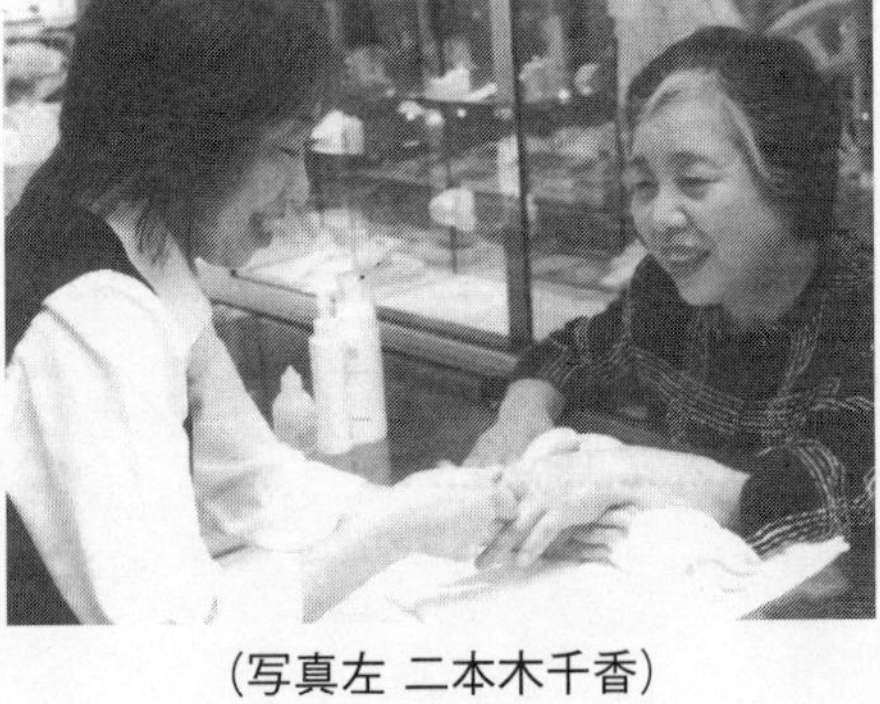

（写真左　二本木千香）

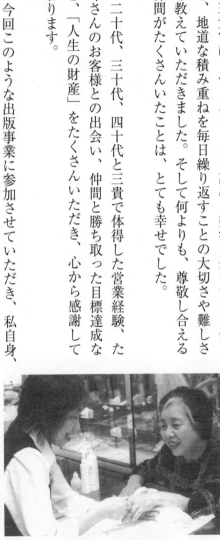

人生を見つめ直す良い機会となりました。私にとって、三貴というひとつの時代の幕は下ろされましたが、次の時代の幕が上がっています。人生折り返し地点、これからも笑顔で輝き続けられる自分でありますよう、営業の仕事を通して成長し続けていきたいです。

ありがとうございました。

（入社一九九五年　退社二〇一七年　在籍期間：二十二年　在籍部署：東京小売事業部）

子供服商品企画部での学び

箱田　弘行

一九八三年新卒入社し、子供服部門「ファニイ」に配属され、三～四年の店舗経験（店長を含め）を経て、社長が新たに立ち上げたLF商品企画部子供服部門に、初期メンバーとして異動になりました。正直まさか企画部とは夢にも思ってませんでした。（と言うのは初めての店長会の業績報告で社長と言い争いになり、クビ宣告を受けて土下座をした過去があったのです。しかしこの頃には『土下座の箱田』と笑い話にしてくれていましたが…直接社長に確認したところ『適正はあるようだから頑張れ」と言われました。）

それから子供服、婦人服が本格的にSPA（製造小売業）に移行、ファッション商品の企画から生産、販売までの機能を垂直統合したビジネスモデルへ方向転換したのです。最初の大きな課題は半年で一年前企画（三ヶ月先から一年分の企画を考え作り上げること）にすること。これを実現しないと海外生産が出来ません。最初はリーダーアイテムが中心でしたが、一ヶ月で二～三ヶ月分の企画を立案しなければなりません。毎日、夜の0

時過ぎまで残業、夕食は社内で出前をとって、帰りは終電やタクシーで帰りました。その結果メンバーの努力と協力のおかげでなんとか一年前企画を実現し、企画部も軌道に乗りました。

その中でデニムを中心とした企画は大人気となり、ファニイ二百店舗全店が目標達成したのです。(この企画には当時の河野統括部長にご指導頂きました)

私も入社以来初めての経験だっので、企画の仲間と喜びと感動を分かち合いました。

このことで自分達が企画した商品が色々な人達の協力でお店に並び、お客様に喜んでもらい結果として大きな売上げになっていく『ものづくりの喜び』を実体験しました。

その後企画部の責任者になりました。ヒット商品も続々生まれました。

①ラブティ(誕生石入りの赤ちゃんの小指サイズの指輪)

②中国製の千円シューズは、小学校の靴箱を占領したとか?

③今では当たり前ですが、シンプルな商品をカラー展開と組み合わせで個性を出し、コーディネートの楽しさを提案(無地Tシャツやソックスの十色展開)等。

商品企画の考え方、方法も社長から一から教えてもらいました。『常にお客様は誰か?』子供服の場合、購入者は主に母親、着るのは子供なのでファッション性を意識しつつ価格の安さ、着易さ、安全等の機能面も考慮しなければなりません。

その為、国内外のファッション誌を毎日三十冊以上（社長は百冊）に目を通し、市場調査を行いないトレンドを常に意識していました。
さらに、店舗の大型化（売場面積20坪～100坪）、西葛西店、川越サンロード店、そして自由ヶ丘店などロードサイドへの出店。それに伴い商品構成、陳列方法、管理体制などが進化していきました。

また、企画会議、翌月商品のプレゼン等で各事業所の統括部長への報告、協力依頼の際は『決して権力をかざしてはいけない。お前の言う事に従ってくれるのは社長の後ろ盾があるからだ。』と、常日頃から『謙虚さを忘れずに』と言われてました。

当時の社長は社員教育にも力を入れていました。海外研修ＭＲＳＴ（欧州一回、米国一回参加）、プルミエールビジョン（仏での素材展）、広州交易会（中国）、企画単独での米国リサーチ、香港サンプル買いなど、海外にも度々行かせて頂き、色々な経験をさせてもらったことには本当に感謝しています。

それからファニイ、ブティックジョイが全面撤退するまで子供服企画部課長として仕事しました。その後、営業企画で宝石のホテル展示会を企画し、テレビＣＭの制作（秋本奈緒美、米倉涼子編）をして五十歳で三貴を退職しました。

（入社一九八三年　退社二〇〇七年　在籍期間：二十五年　在籍部門：営業部ファニイＬＦ商品企画部子供服部門　営業企画）

ぎっちりジュエリーボックス

林　智美

「お前たちは気違いかぁ！！」

現在であれば間違いなくパワハラであろう木村社長の言葉で、商品企画部のメンバーは、しょっちゅう怒鳴られていたのです。


私は一九九〇年に地方社員として三貴に入社、その半年後には宝石商品企画部に異動することとなりました。

就職活動をしていた頃、夜も遅い時間になると「銀座じょわいよくちゅーるマキ日比谷シャンテ店」のテレビコマーシャルがパワープレイされていました。世の中はバブル景気の真っ只中、就職も売手市場で、金銀プラチナ以外は受け付けない金属アレルギー体質ということもあり、私にはまだ縁遠いジュエリーという美しく華やかで贅沢な世界ではありましたが、三貴を選んだのでした。

店舗での仕事や待遇が気に入り、店長を目標に働いていたので、ジュエリー洗浄剤のペリシャスを売りまくっては新入社員のレースで上位に入り、ようやく試用の黒いジャンパースカートを脱いで、さあっ！と思った矢先に異動で驚きでした。要町にある女子寮カメリアに入寮し、新しい仕事にも夢を抱いていたのですが、冒頭の怒鳴り声です。大卒半年の私にとっては、恐怖と戸惑い、そして不安で胸が一杯でした。

しかし人というのは不思議なもので、そんな環境にも次第に慣れ、怒鳴り声が聞こえてきても平気で仕事ができるようになってくるのです。ただ時折、売り上げや企画が芳しくない時には、企画部員全員が木村社長のデスクの前に集められ、延々と数時間怒鳴られ、なじられ、そして最後に動機づけのためのいい話を聞かされることとなります。そうなると途中だった仕事は遅れ、ただでさえ帰宅時間が深夜になる部署なのに、さらに帰宅は後ろ倒しです。それでも次の日には9時にはオフィスに行き、日経新聞を読まなければなりません。朝起きられずにタクシーで出社することも度々でした。内勤は水曜日と土曜日が休日でしたが、土曜日はお客様を直接知ることができる機会だと、必ず店舗応援で、実質水曜日のみ休むことができました。毎日がそんな調子なので、水曜日は午後起床がデフォルトでした。今思えば、よくも体力があったと思います。若さはやはりものをいう。

ある時、企画部の労働時間が長いと問題になり、早く帰れることになりました。女子社員は二十二時までに退社するようにと木村社長の号令。二十二時でも立派に遅いんだよ！と企画部の女子社員はみんな心の中でツッコミを入れたに違いない。まぁ、その早い？帰宅時間制限も数日のことであったのですが。

しかし木村社長はとても優しい方でもありました。私の父が肝炎で入院したと知ると、健康食品マニアの木村社長は、「キヨーレオピン」をセットでプレゼントしてくださいました。夜遅くまで仕事をしていて、オフィスに女性社員が私だけだった時は、木村社長が帰宅されるタイミングで、社長の車でカメリア寮まで送っていただいたことも一度や二度ではありません。やはり女性が終電も無いような時間に帰宅することには心配をしてくれていたのでしょう。

そんな時、私は必ず後部座席に乗るように言われました。大企業の社長です。誰が見ているかわからない、万が一、助手席に女性を乗せた場合、愛人と誤解され、それを週刊誌のネタにされてしまったらかなわないと用心しての後部座席なのだそうです。若い女性社員を車に乗せている事自体、誤解の元だと思うのですが、やはり深夜に帰すのは心配だったのだと思います。そんな時の木村社長は話し方もとても優しく、まるで普段のキツイ言葉の数々を中和するかのようでした。

商品企画部に配属されて二年くらいしてからか、マキの「コンセプトコンダクター」という役目を与えられました。マキがコンセプトとしている「自立したアクティブなキャリアウーマン」というイメージを、あらゆる面でブレないようにコントロールしていく仕事でした。当時の私は、人と違うことを好み、個性的でありたいと思っていましたので、マキのコンセプトを要約した「マス」に受け入れられるイメージが掴み切れていませんでした。ついつい自分の好みを反映したことを起案してしまうのです。そうするとまた怒られ、数時間社長の話を聞くこととなります。しかしコンセプトコンダクターになると、その社長の話の端々にヒントが隠されていたりするので、それまで以上によく聞いていました。メモをしてはならないという暗黙のルールがあったので、聞きこぼさないよう、まさに耳の穴をかっぽじって聞いていました。こちらとしては居眠りでもしてしまえば一貫の終わりなので、マストアイテムのモカをデスクの引き出しに常備しておいたものです。

そんな中よく木村社長が話されていたのは、売り上げが上がらないと、社員だけでなく数万人の社員の家族の生活が守れない、それを守るのが自分の責任なのだと。企画の部署にはその責任があるということを。

毎日全国七百店舗の営業が終わった後も大切な仕事が待っています。その日の売り上げを昨年と比較し、店舗在庫を調べ、ピンポイントで値下げやインセンティブを設定し、店舗へファックスを送ります。そしてやっと帰宅できるのです。売り上げをアップさせる企画の責任です。

こういう仕事は直接売り上げに貢献できる可能性があるのでしょうが、コンセプトコンダクターはどうでしょう。私には雲をつかむような仕事でした。毎日、世界中のファッション雑誌をめくり、トレンドを肌で感じ、それをマキのコンセプトの中に落とし込んでいく。できていたかどうかは今でもわかりません。まだマキのお客様イメージの年齢に達していなかった若かった私は、お客様イメージと自分を切り離すことができていたのでしょうか。その年齢を通り越した今ならコンセプトも、そしてコンセプトの大切さも理解できる気がしています。

しかしコンセプトコンダクターとなって、ジュエリーという贅沢品のコンセプトに携わるのに、贅沢を経験できていない若さがネックということで、身分不相応な高級なレストランに何度か連れて行ってくださいました。高価なジュエリーは無理としても、レストランでの贅沢な食事を通して贅沢を学べということです。鴨料理で有名なトゥールダルジャンでコース料理をいただいた時には、周りをイケメンのギャルソンに囲まれ、パンくず一つもこぼせば、そのギャルソンが小さな塵取りとブラシを持っていそいそと片付けてくれる…、恥ずかしいことにならぬよう、ただただ緊張するばかりで、料理の味など記憶に残ってはいません。

そして、スイスのバーゼルで開催される世界最大の宝飾展に連れて行っていただけたことで、ジュエリーの最先端を見ることができました。素晴らしいデザインと質の良い宝石を使った贅沢な品物ばかりで、ジュエリーのデザインやジェムストーンのトレンドについてはとても勉強になり刺激を受けたことを覚えています。バーゼルを後にパリに向かったのですが、とにかくたくさんパリの街を歩き、パリの匂いを感じさせていただきました。特にヴァンドーム広場でグランサンク（パリの五大宝飾店）を目の当たりにした時には、本当に心から感動しました。

三貴に在籍したのは五年間と短かったのですが（一日が長かったので実質八年くらいか笑）、あまりにも濃密で、その思い出は果てることがなく、一つ思い出せば、次から次へと思いが巡ります。辛く理不尽に思う事も多かったのですが、思い出すのはそれも含め楽しかったと感じる事ばかり。仕事に対する責任感、何を言われてもめげない強いメンタル（笑）。出会いは木村社長だけではなく、多くの魅力的な方々との出会いに恵まれました。それらが私の三貴の思い出の中心です。三十年経った今でも、変わらず魅力的な人ばかりです。

木村社長にとって、コンセプトコンダクターとしての私は頼りなく、怒られてばかりでしたが、目をかけて頂いたことは自覚しており、なんともいえないアンビバレントな感情ですが、三貴は私にとっての宝箱なです。

繰り返しになりますが、五年間という期間でしたが、私を取り巻くかけがえのない魅力的な人々との出会い、そして彼らと必死に頑張って手にした達成感、タフに楽しんだオフタイム、今となっては、思い出として昇華してしまった辛さも理不尽さも、今の私にとっては宝石のように輝いて胸の中にあります。まさに、バラエティー豊かなジュエリーが詰め込まれた「ジュエリーボックス」です。

（入社一九九〇年　退社一九九五年　在籍期間：六年　在籍部署：東京小売事業部・宝石商品企画部）

新入社員時代

藤井　まり

私は団塊世代で、大学は一九六九年（昭和四十四年）卒です。社会人生活の始めの一歩が、大学の山の部活動の先輩のご紹介で、三貴からスタートしました。創業の木村社長も先輩でした。

私は、十一歳迄北海道十勝で産まれ育ち、以後東京です。大学受験のストレスから解放された時、自然の中を歩き廻る山のクラブが心地よく、良い仲間に恵まれ、四年間過ごしました。当時は学生運動が激しく、授業は三ヶ月無く、毎日機動隊が来る日々でした。

右も左も分からない新入社員時代、大塚の本社に通い、若い社員の多い活気ある職場でした。商品部の細谷さんが石とデザイン図を持って細工屋さんに行ったりしていました。私は物珍しい環境に次第に慣れました。彼女はブラジルに嫁いだそうです。翌年の新入社員研修には、地方から多くの若者達が入社し、その準備等させて頂きました。

当時、父が大阪へ転勤し、叔母の居た東伏見に部屋借りしていました。そこは学生時代のグランドやプールが有り、馴染みの土地でした。

大阪支社のある事を知り、転勤をお願いして、佐々木さんや春田さんにお世話になりました。釣り好きの佐々木さん、飄々とした春田さん、共に六年先輩です。鬼籍に入られましたが、懐かしい方々です。

仕事は、ダイエーショッパーズプラザ守口に池田から通いました。御堂筋線駅には、回数券を持つオバさん達が切符をバラ売りしていた時代です。遠距離通勤で、半年余りで退社しました。

その後、塾講師等して、学生時代の友人の縁で、僧侶で物書き、と言う不思議な人と出会い、結婚しました。その夫は二〇〇六年に亡くなりましたが、十年間の修行僧時代、禅僧達のために料理を作る典座(てんぞ)を経験し、精進料理の事典や本などを数多く執筆、請われて精進料理を教え始めました。私は今も精進料理講師を続け、四十年になります。コロナ以前は、毎年海外へ、北欧、英仏独伊、NY、SF、シアトル、ボストン、ソウル、タイ、バリ、杭州、カトマンズなどに招かれ、精進料理WSなど、料理旅しています。二〇二〇年二月オークランドを最後にロックダウン、海外はしばらくご無沙汰でした。

三貴で出会った方々、木村社長のご機嫌時の子供の様な笑顔を懐かしく思い出します。
精進料理研究家（旧姓　野本）
（入社一九六九年　退社一九七〇年　在籍期間：二年）

上は、三年前の２月に行ったオークランドのグルテンフリー、ベジレストランで、2023年９月に精進料理、講習会をした折のポスターです。下は、和食を外国人に教える友人が、ニュージーランド、オークランドに移住し、スタジオのオープニングイベントに招かれ、外国人に精進料理を教えました。海外でベジタリアンが、増えているのを感じます。

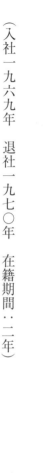

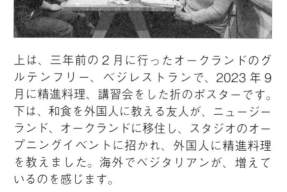

木村社長に教えていただいた事

藤田　芳一

私が三貴に入社したのは一九七八年（昭和五十三年）、二十八歳の時で新聞の求人欄を見て宝石販売に興味をもち応募しました。面接のため会社に行くと、事務所の片隅でギターを弾いている方がいました。楽しそうな会社だなと思いましたが、入社してその方が木村社長とわかりました。

最初の配属はマキ向ヶ丘店で、玉谷店長からいろいろと教えていただきました。その後二ヶ月程で、急に横須賀店の店長を命じられ、不安半分で赴任しました。その後、マキ名西店、マキ高崎店、そし三十歳の四月に、結婚と同時にマキ池袋サンシャインアルパ店勤務となり、その後マネージャーとして愛知、岐阜、三重、福島の各店を担当するようになりました。会社のお金で日本の各地に行かせてもらい、風土や人柄に触れることができ勉強になりました。そして三十五歳の時に九州に転勤となり、家族と共に移り、やがて九州の宝石部門を担当するようになりました。

毎月の会議では電話会議や東京本部に泊まり込みで参加して、社長にはあらゆることを教えていただきましたが、売上げ実績報告では怒られてばかりでした。会議でとり続けたノートは数十冊になってました。そして五十一歳の時に退社し、実家の神戸に三十年ぶりに戻り半年の準備期間を経て、北野にアクセサリーショップを開店しました。店づくりから品揃え、経理とすべて一人でできたのも社長の教えがあったおかげです。この時に会議ノートを整理して「マネジメントの基礎」「仕事の管理」「店舗マネジメント」「人材育成」「問題点の発見と対策」「人間行動の心理学」等のノウハウをまとめて四十二頁のマニュアルを作成しました。

北野に店を出して初めて知ったのですが、神戸は真珠関連の会社が百六十社以上あって北野はその立地が真珠の選別に適していることもあり、多くの会社とお付き合いするようになりました。ある時、真珠を販売するグループを作ろうという話があり、メンバーは卸業、加工業、養殖業の方ばかりでしたので、販売担当として声がかかり、正式に、グループ名「ＮＥＯ　ＰＥＡＲＬ　神戸」が誕生しました。期間限定のブースをデパート、美術館博物館、神戸コレクション、神戸マラソン、みなと祭り、地場産展などで真珠のＰＲと販売をしていました。

そんな折、歴史のある日本真珠会館の中に常設の販売店舗を作ろうという話があり、当時の井戸知事の後押しもあり二〇一一年（平成二十三年）に「ＫＯＢＥ　ＰＥＡＲＬ　ＳＯＵＱ」が誕生しました。この機会に北野の店を閉めてスーク専任となりましたが、二〇二〇年（令和二年）に体調のこともありリタイアいたしました。真珠会館も老朽化のため取り壊しが決まったようで、残念です。

神戸で新たな道へ進めたのも社長の教えがあったおかげと思います。もうお会い出来ませんが、あの世でお会い出来ましたら、御礼の言葉を述べたいと思います。会議でよく怒られた神戸のシャレコウベです　と言えば思い出していただけると思います。

（入社一九七八年　退社二〇〇一年　在籍期間：二十三年　在籍部署：東京小売事業部・九州事業所宝石部門）

私にとっての株式会社三貴

古川　安彦

配属先は宝石卸売事業部。

毎日の仕事は新規の取引先の開拓。断れ続けられる毎日でした。頑張るぞと思っていた月初の気持ちは段々薄れてきます。そんなタイミグで会議があり、木村社長から色々なお話がありました。

すると沸々と力が湧き、明日から頑張るぞとなるのです。夜遅くまでイキイキと皆んなが率先して仕事に向かえるのは、大きな目標に向かい成長しているからです。社長はその目標を設定し、一緒に働く仲間たちに実現可能である事を伝えられる事。

当時、宝石は時計、宝石、眼鏡店というスタイルでの販売でした。三つの業種が一箇所で営業されていました。三貴では取引先に、これからは宝石専門店にならないと発展しませんと説得して歩き、ジュエリーマキのフランチャイズチェーン等が拡大していきました。今では、宝石、時計、眼鏡がそれぞれ専門店として発展しています。この事は独立した後に大きなヒントになりました。

二十年勤めた三貴を退職し、一九九七年（平成九年）四月に、私がペットショップを始めた時、犬猫、小動物、金魚熱帯魚、ペットの美容（トリミングと言います。）などが同一店舗で行われていました。自分で営業してみると三貴での経験を思い出し、これらは別々の店舗で行うべきではないかと思うようになり、まずトリミング部門に力を注ぎ、三貴で学んだ誉め言葉を使い続けました。

すると、同業他社が中途半端にペットの美容に取り組んでいる中、お客様からもペット業界からも私のやり方が支持され始めました。

一号店の時から力を注いできたトリミング部門は独走を続け、今では東京ビッグサイトで三月に開催される日本最大のペット博であるインターペットのトリミングコンテストを第一回から主宰し、コロナ禍前までは海外から選手が集まるほどに成長しました。

次に販売部門に注力しました。三貴で言えば、宝石の次に育てた婦人服子供服です。同業の販売力のある企業からご指導いただき、トリミング部門で作り上げた組織が力を発揮し、瞬く間に業績が上がり二本柱となり二〇二三年（令和五年）末には二十七店舗を超えようとしています。

他にも学んだ事は枚挙にいとまがありませんが、紙面の都合もあり最も強く思ったことを書かせていただきました。三貴が無くなってしまったことは残念で仕方がありません。私の目標として存在し続けて欲しかった。

在籍中、多くの先輩方からご指導いただきました事と、独立後も何かと相談に乗っていただいた今は亡きお二人の先輩に心より感謝申し上げます。

（入社一九七六年　退社一九九六年　在籍期間：二十一年　在籍部署：宝石卸売事業部・店舗開発部・大阪三貴店舗開発部）

今の私を作ってくれた三貴の体験

星野　由香

有限会社ほるぷ絵本館代表取締役の星野由香と申します。兵庫県の加古川市で、絵本と木のおもちゃの販売と、和久洋三のわくわく創造アトリエという一歳半から六年生までの幼児教室の運営をさせて頂いております。他にも学校や園で子ども達のワークショップを行ったり、保護者や先生向けの子育て講演をしたり、大学で保育士さんを目指している学生さん達の講義をしたり、忙しいですが、やりがいのある楽しい毎日をおくっています。

三貴在籍時は、明石二見店のアシスタントマネージャーを経て、大阪三貴でタスクをやっておりました。当時の本部勤務の方は皆そうだったと思いますが、始発で仕事に向かい終電で家路につく、休みの日が移動日ということもしばしばの過酷な毎日でした。いまとなっては懐かしい思い出です。思い起こせばこの仕事を通して実に多くのことを学んできたと実感しております。

現在の会社の成功は三貴での教育をなくしてはなかっただろうと思っています。

会社経営のように何もないところから作り上げていくためには、それなりの経験と学びが必要です。私の会社のように生徒を募集して集客するためには、そのノウハウが必要です。いいことをやっているから、子どもに成果が出ているから、というだけでは、人は集まってきません。また絵本や積木を買って頂くことはもちろん、体験参加をして頂いた方に入会して頂く為には、販売と同じ接客力が必要になります。そういう力は、片手間にセミナーを受けたり、本を読んだり、SNSから得た情報だけではものになりません。それなりの力を獲得するには、生半可な経験からでは真の力にはならなかったと思います。それ神的にも体力的にも過酷であった三貴時代でしたが、それだけの力を授けてくれたことに感謝いたしております。

先日、私の所属している企業家同友会という組織で、同じ経営者の方たちに、自身の経営報告をする機会があり、その時にジュエリーマキの時のエピソードを話しました。

洲本のエクシィブというホテルで展示会をした時のことです。華やかな展示会場に、そのホテルの掃除のおばあさんが「ちょっと見せてもらってもいい?」と言って入ってきました。会場に入ってこられた方は皆お客様ですので、同じように接客させていただきました。

すると金額は忘れましたが二カラットのダイヤと毛皮を大変気にいられて、ご購入してくれることになりました。多分二〇〇万くらいだったのではないかと思います。クレジットを書いていただいたところ、職業欄にホテル洲本・売店・勤続五十年と書かれて、さすがにちょっとおかしいかなあと思い、ホテルの支配人に電話して確認したところ「ああ、その方はうちのオーナーです。」と言われ、驚いたことがありました。

全国津々浦々、そういうエピソードがいっぱいあります。おそらく皆さんにもそういうことはあったのではないかと思います。その時に学んだのは、人を見かけで判断しないことはもちろん、その人がどんな人であるのかということを見抜くことなどたいていの場合は、できないものなのだということ、それと、どんな時も同じ熱量で同じように自分の目的に向かって真摯な態度で人とも仕事ともむきあうということです。その仕事のあり方を継続していくことで結果が生まれます。

子ども達と接する今の仕事でも、子どもの一部だけを見てその子がどんな子であるのかを判断することはありません。まずは、そのままの子どもの姿を受け入れること、目先のことに左右されず自分の信念と目的をどんな状況でも見失わず、教育の軸がぶれないこと、そういう姿勢もマキ時代に身についていったのだと思います。

それと私はやはりその当時の河野専務との出会いが大きかったです。マキ二見店に配属された時、すぐにもめごとがおこりました。おそらく皆さんも経験している売り上げをとったとられたの問題です（笑）。人間不信になるくらいそういうことがありましたよね。その時入社三ヶ月ほどの私の味方は少なかったのですが、そういう時にそれぞれの話を真摯に聞いてくださったこと、正しくその状況を判断してくださったことが、私がこの会社を信用するはじめの第一歩となりました。それから退職まで河野専務（副社長）のもとで働かせて頂きました。そのご縁で会社を立ち上げた時も、わが社の取引先（メーカー）でもあり、フランチャイズ本部でもある㈱童具館の経営顧問を数年間、河野副社長にして頂きました。

童具館は、積木を中心とした木のおもちゃのメーカーです。童具館の積木は、その品質・精度・教育哲学、何をとっても世界一と言っていいと思います。代表者の和久洋三先生は以前はＮＨＫのすくすく子育て等に出演されていて、幼児教育業界では、積木教育の第一人者と言われている先生です。私の経営するわくわく創造アトリエは、その先生の教室のフランチャイズです。インスタグラムで日々の様子を投稿していますので是非、ご覧になってください。

ほるぷ絵本館 Instagram ▼ @holp_ehonkan

（入社一九九一年　退社一九九九年　在籍期間：八年　在籍部署：大阪三貴）

言葉はなくとも

牧野　有美

一九九二年から一九九六年にかけて、私は、三貴の出版部門である「ライブ」に在籍していました。ライブは、社内報「道標」をはじめ、各業種ごとに内容を変えた複数の社内報の編集や制作、「三貴のこころ」や「宝石辞典」といった社員必携の書物の刊行、木村社長の恩師の早稲田大学教授の本の出版などを行っていました。

社内報の取材や校正依頼などで他部署、製造小売業の三貴本体の業務を担う各部署にうかがうことも多々ありましたが、どの部署も、社長がいらっしゃる時とそうでない時の雰囲気が違い、社長在席時にはピリピリした空気がひしひしと伝わってきました。畏れられているんだな、木村社長がよくいらっしゃる部署は大変そうだな、というのが、当時二十代半ばの私の本音でした。

三貴にお世話になった四年間で、木村社長と直接お話をする機会はありませんでしたが、社内報「道標」に「社長のお話」を掲載するため、私は毎月の店長会議に陪席して、木村社長のお話を拝聴しておりました。実は、その時によく脳裏に浮かんでくる映像がありました。それは、自分の気持ちをわかってもらえなくて地団駄を踏む、あるいは唇を噛んで、ぐっとこらえる子どもの姿でした。

なぜそんな映像が？会議の中で社長がそんな姿を見せるわけはないし、店長さんたちに向かって社長が声を荒げるようなことは一切なかったけれども、会社が大きくなって、ご自身の思いが皆に伝わらないもどかしさ、歯がゆさみたいなものが、肌感覚として伝わってきたのではないかと、今になって思います。

会議に参加する店長さんたちは、社長の熱い気持ちを理解している方が大勢だったと存じますが、三貴の創成期を知らず、入社した時には既に大きい企業であった私のような社員に対しては、難しさや、やるせない思いをさぞ抱えていらっしゃっただろうと申し訳なく思います。（でも当時は理解できませんでした…）。ただ、驚異的な忙しさの中でも、毎月の店長会議に必ず出席して自分の言葉で語る木村社長の姿から、現場が何より大切だということを、言葉はなくともしっかり伝えていただきました。これはその後、自身の仕事に対する姿勢に、多大な良い影響をいただきました。

余談ですが、映画「踊る大捜査線THE MOVIE」（一九九八年）で、現場にいる主人公の刑事が、遠く離れた会議室の幹部に対して「事件は〝会議室〟で起きてるんじゃない！〝現場〟で起きてるんだ‼」と叫ぶ有名な場面がありますが、この映画を見たときに、三貴ではこういうことはないだろうなと思ったのを覚えています。

（入社一九九二年　退社一九九六年　在籍期間：四年　在籍部署：ライブ）

三貴学校

松谷　稔哉

宝石業界で仕事をするようになってから三十五年という歳月が流れた。

宝石業界に縁ができたきっかけは、三貴に入社したことだった。長い期間、宝飾業界で仕事を続けることができたのは、三貴での経験と学びのお蔭だと思う。

改めて、私の三貴での配属部署の変遷とエピソード、そして学びついて振り返ってみたい。

三貴に入社したのは一九八八年五月のことだ。

ＪＭ南越谷店の名店長だった奥田係長から研修を受けた後、ＣＭ渋谷１０９店に配属となった。１０９のエスカレーター脇でハンドビラを配り、五十二個の誉め言葉を覚え、一日の仕事の流れをからだで覚えていった。黒沢店長、山田店長、中谷タスク、橋本マネージャー、九名の先輩ＳＳさんたち、皆さん気を配って接してくれた。

上板橋の借り上げの寮では、後にブティックジョイの商品企画チーフとなる相原さん（課長）と同室で、二人で試験放送を始めたばかりのＪ－ＷＡＶＥを聴きながら、お互いの仕事のことなどをよく話し合った。また私と同期でCM渋谷109店に配属になった第二新卒の島田さんという男性社員がいた。彼は半年ほどで三貴を退職したが、数年後、御徒町でダイヤモンド卸会社の社長となっていた。休みはとれなかったものの、CM渋谷109店での毎日は刺激に満ちていて楽しかった。

二ヶ月ほどが過ぎ、店の雰囲気や仕事の流れについていけるようになり、ずっと渋谷109店で働きたいと思い始めた矢先、CM川崎モアーズ店に店長として赴任するよう命令が下った。

川崎モアーズでは、私の能力が職責に追いつかず、一緒に働いていたSSさんたちには多大な迷惑をかけてしまった。馬場マネージャーにはよく励ましていただいたし、業務部タスクとして実質的に店長のような役割を果たしていただいた田部井タスクにも感謝しかない。

私はただ毎日、日本で一番短いエスカレーターに乗り、モアーズの店内で流れていたVan Halenの「Black and Blue」のギターリフを聴きながら店を開け、店長としての職責を全うできない自分に落ち込んでいた。

そうした負の感情を抱えたままさらに二か月が過ぎ、何も結果を出せないまま、CM東武池袋店へ異動を命じられた。担当が磯崎マネージャーと姉川タスクに変わり、気軽に接していただいたこともあり、悩みや困っていることを遠慮なく相談できるようになった。女性店長である正田さんの存在が頼もしく、ＳＳさんたちとの距離も近くなり、少し自信を持つことができた。

ＣＭ東武池袋店に異動して間もなく、私と同年齢でほぼ同時期に入社した飛高《ひだか》という優秀な男性社員がいることを磯崎マネージャーから聞かされた。

飛高さんは、私がＣＭ東武池袋店に着任したのとほぼ同時期に、ＪＭ南越谷店の店長に赴任していた。飛高店長とは店長会で顔を合わせ、話し合うようになった。一見、ポジティブでネアカなリーダーのように見えたが、本当は細かな気遣いのできる努力型のリーダーだったように思う。飛高店長がリーダーシップを発揮したＪＭ南越谷店は目標を達成し続け、全国の宝石部門の売上トップを独走した。磯崎マネージャーからは、「飛高には、負けんなよ」とよく檄を飛ばされたが、彼の方が遥か先を走っているのは明らかだった。

しかしその数年後、飛高さんは若くして亡くなってしまった。ほんとうに驚いた。

ＣＭ東武池袋店に配属されていた期間は七か月間だった。

一九八九年五月、私は業務本部デザイン室へと異動になる。

デザイン室には、宝石部門のデザイナー・パタンナー。婦人服部門のデザイナー・パタンナー、子供服部門のデザイナー・パタンナー、総勢約一六〇名がワンフロアで働いてた。

デザイン室勤務とは言え、私にデザイン画が描けるわけではない。熊谷統括部長から与えられた任務は、デザイナーやパタンナーが、個人としてそして組織として、「だれが、どのような仕事を、どれだけやったのかをわかるようにする」ことだった。

デザイン室は他の部署とは違い、胃がつぶれるほどのストレスや日付が変わるまで続く残業もなかった。申し訳ないことだが、デザイン室では何の成果も上げられなかった。

一九八九年一〇月、私は宝石商品企画部へと異動になった。

デザイン室の熊谷統括部長から、木村社長直轄部署で働くための心構えについて、こんこんと諭されたのをよく覚えている。

業務本部では、玉突き事故のような人事異動が繰り返されていた。

社長は、自らが発掘した担当者の能力と人格を溺愛する。担当者は生身の人間であり、社長が期待する純粋で崇高な人格を持つ超能力者ではないので、それがわかると怒りが収まらなくなる。そして担当者を排除し、組織を破壊してしまう。すると人事の玉突き事故が起こる。

私が異動になった時、商品企画部は、木代統括部長、丸山課長、ブランドチーフとして、マキを管《かん》課長、イルエルを原課長、ミス嵯峨野を堀井係長が担当するという人事は終わっていた。最後に異動になったのが私で、ファンジュエリー・エブの担当となった。

もちろん、即戦力として仕事ができたわけではない。右も左もわからず、社長の指示をただただ金科玉条のごとく守りながら、イメージマップを作成し、数値計画を作成して、社長報告で社長の判断を仰ぎ、激しい叱責を浴びながらも会議に提出し続けた。

テレビCMや雑誌広告などの販促のなかったエブの業績を支えていたのは、店長やSSさんたちの努力だ。私は、自分たちが企画した商品をお店に投入することさえできず、自分の無力感を恥じる日々が続いた。

商品企画部には二年半在籍した。

そして突然、大宮商品センターへの異動を告げられた。

原因は、私が役員秘書と結婚することにあった。それが原因で異動、降格、減給となった。減給額が50％になると、生活は成り立たない。こうして私は退職せざるを得なくなった。

こうして私の四年一か月の三貴での仕事は終わった。あっけなく残念な幕切れだった。

人生経験に乏しく、甘ちゃんだった私は、三貴での経験を通して様々なことを学ぶことができた。学びの内容は大きく分けて三つある。

ひとつは知識としての学び。入社して三年目の一九九〇年、私はＭＲＳＴ（アメリカでの小売業研修旅行）に参加する機会をいただいた。アメリカの小売業の歴史、業種・業態、プライスゾーンセグメンテーション、商品構成、ショッピングセンター、マスマーチャンダイズチェーンストアなどについて、座学と実地見学を通して立体的に学ぶことができたことは、私のその後のものの見方ががらりと変わるほどのインパクトがあったことはまちがいない。

二つ目は、厳しい現実を突きつけられても、どう身を処すべきか、どう生きていけばよいかを自分で考え実行できるようになったことだ。

三貴で働いている時には会社の看板に守られていることは意識しなかったが、一人になると何からも守られず、言い訳も全く意味を成さない。逆に多少の失敗は実は全くたいした問題ではないことも学んだ。こうしたことを三〇代前半のうちに気づくことができたことは、とても大きな意味があった。

そして三つ目の学び、人との交流だ。三貴を退職して三十年も経つというのに、当時の上司、部下、同僚を問わず、多くのＯＢ、ＯＧの方々と交流がある。三貴で出会った人たちとの思い出は尽きない。残念だが、亡くなられた方もいらっしゃる。

先ほど同期入社の飛高さんと馬場マネージャーの名前を挙げたが、もう一人名前を挙げるならジェイハウスの田中さんだ。田中さんは木村社長に対しても、イエス、ノーをはっきりと言える稀有な存在だった。ことあるごとに貴重なアドバイスをいただいたが、四十歳の若さで亡くなられた。

そして、三貴で最大の影響を受けた人物と言えば、やはり木村和巨社長になる。

二〇一五年（平成二十七年）八月のある日、銀座にある私の店に、木村社長が来店になった。木村社長は全く表情を変えず、まっすぐ私の目を見て、二言三言、穏やかな口調で、商品について質問された。私がそれにお答えすると、しばらくその商品を凝視し、やがて軽く会釈をして、ゆっくりと店から出て行かれた。お会いするのは二十三年ぶりのことだった。気の利いた言葉を発することはできず、数十秒間の再会はあっという間に終わってしまった。

七十五歳の木村社長は現役時代のような厳しく激しいオーラはなく、悟りの境地に達した哲学者のように見えた。そしてこれが私にとって木村社長との最後の出会いとなった。

三貴と木村社長は、私にとってどんな存在なのだったのろうか？

現役時代はいろいろ思うことはあった。しかし今はネガティブな感情は抱いていない。多くの知識を得ることができたこと、木村社長の直轄部署で仕事ができたこと、三貴で一生の友人に出会うことができたこと、自分で考えて自分の力で前に進むことの大切さを教わったこと…、まさに「三貴学校」だったように思える。

（入社一九八八年　退社一九九二年　在籍期間：四年　在籍部署：東京小売事業部　業務本部デザイン室　宝石商品企画部）

三貴でのこと

松永　修

宝石商品管理部（平成元年一月～平成三年五月）でのこと

メイン銀行の北海道拓殖銀行から出向、当然経理か財務を担当させられると思っていたのでびっくり。二年目には転籍しました。宝石商品管理部では、大した業績をあげられませんでしたが、三貴の経営理念・仕組みをたたきこまれました。

ＭＳＤ（三貴システムディベロップメント）平成三年六月～平成十年五月）でのこと

日立製作所にコンピュータのレンタル料等を月間一億八〇〇〇万円支払っていましたが、ＭＳＤにあったコンピュータを撤去し、日立製作所磯子センターのコンピュータを借りて運用することにより日立製作所への支払を五〇〇〇万円に抑えた他、事務所の家賃、システムオペレターの人件費を無くしました。

経営管理部（平成五年六月～平成一〇年五月）でのこと

私は、会社の部門別損益管理に疑問を持ちましたが、多くの方たちも少なからず感じていたと思います。そこで重点業務として部門別損益を見直すこととしました。三部門にそれぞれあるべき経費負担をさせた結果、衣料部門は、年間一〇〇億円以上の赤字であるとの結果となりました。先行投資というには大きすぎる金額でした。

I部長と相談してとにかく実態を木村社長に報告することにしました。（I部長は「そんなことをして大丈夫か」とかなりびびっていました。）木村社長の反応は、最初は「フン」という感じでしたが、数ヶ月してから「これは本当か」と尋ねられ、私は「まだ衣料部門に甘い数字です」と答えました。木村社長への報告は、毎月末、木村社長の業務本部での仕事が終わってから（二十四時ころ）私が退職するまで続けました。

新しい部門別損益の報告を始めてから約一年経過したころ、木村社長は一月の役員会で突然「年内に衣料部門から撤退する。生産は、もう行わない」と発表しました。会議後、私は、木村社長に「季節商品の衣料部門で売り物がないのですからもっと早く」とお願いしました。すると木村社長は、では「八月」と、言いました。「私はもっと早く」とお願いしました。結果的に四月末には九割り方メドがついて、業界からは「さすが木村社長」と評判だったそうです。

衣料部門の方は、希望があれば宝石部門で働いていただけるとのことでしたが、会社を守るためとは言え、企業としては苦渋の決断だったと思います。衣料部門撤退による赤字は、約二〇〇億円と試算していましたが、実際には二五〇億円だったそうです。衣料部門は店舗面積が広いので保証金の戻りが多額となり、その後の資金繰りにはかなり貢献したそうです。

この間の業績はかなり悪化し、銀行から厳しく管理され、メイン銀行の北海道拓殖銀行からお目付役が二名派遣されました。融資を継続してもらうための業務計画は背伸びしたものとなり、計画達成は困難なものでした。

その結果、売上と利益のかさ上げをせざるを得なくなりました。かさ上げは、社長から具体的な方法のサジェッションもありましたが、T専務と打ち合わせのうえ、払い出し原価の調整、関係会社売上等で行いました。トーマツ監査法人からは、「何かやっているだろう」と追求されましたが、バレませんでした。銀行からは、昔の部下が査察に来ましたが、適当に説明し帰ってもらいました。二名のお目付役も銀行サイドとしては無力でした。

会社を守るため、ひいては従業員とその家族、関係会社を守るためには必要悪と考え、そのうち外部環境が好転、業績も回復し、正常会計に戻すことできると考えていました。

私が退社した契機

平成一〇年一月、さらに数十億円の赤字を黒字にしなければならない事態になったとき、木村社長から「何とかなるだろう」と指示がありましたが、追加対策は困難な状況で、私は万事休しました。なお、私が退社した年の三月決算は、創業時から監査していただいたトーマツ監査法人が監査不能ということで監査を辞退され、監査法人が替わりました。

三貴入社四十六歳、退社五十五歳、九年五ヶ月。関係した皆様にご迷惑をおかけしたことを深くお詫び申し上げるとともに感謝申し上げます。

（入社一九八九年　退社一九九八年　在籍期間：十年　在籍部署：宝石商品管理部　ＭＳＤ（三貴システムディベロップメント）財務部・経営管理部・上場準備室・経理部）

「社員は我が子」

本澤　康之

私は三貴に十一年間お世話になりました。

営業部長をしていたころ、何度か木村社長のお供をして地方の店回りをしました。マーケットリサーチの名目でしたが、目的はむしろ社長と社員のスキンシップの場を設ける事にありました。

東北地方のあるブロックで行われた「ブティック・ジョイ」の懇親会でのことです。出席した六十人ほどの販売員さんの中に、二、三日前に入社したばかりという四十五歳のパートの女性がいました。宴たけなわの頃、その女性が木村社長の隣に座ったのです。そして「社長さん、聞いてよ、うちの息子はぐうたらで、・・・」と家庭の愚痴をこぼし始めたのです。その女性はかなりお酒がいける口で、かなりのハイペースで飲み続けました。

そのうち自分だけが飲んでいてはいけないと気づいたのか、木村社長にお酌をし始めたのです。木村社長の酒量はビール数杯が限度です。会場を一回りした後ですから、すでにその限度を超えていたにもかかわらず、注がれたらコップを口に運ぶのです。

一時間経っても、その女性は腰をあげません。木村社長はずっと話に聞き入っています。二時間近く経ったでしょうか、私の膝をポンポンと叩いて、立ち上がりました。「限界だからトイレに行く」という合図です。

十五分近くが過ぎても木村社長は戻ってきません。話し続けるその女性に「ちょっとごめん、ここにいてね」と断ってトイレを覗くと案の定、木村社長は洗面台を抱えて苦しそうにしていました。後ろから背中をさすると「モトさん、もういいかな」「社長だめですよ、あんなにパートさんが真剣に悩みを言っているのだから、最後まで聞いてあげてくださいよ」こう言う私は、かなり薄情なのかもしれません。それに「うん、そうだよな」と答えた木村社長はすばらしい人です。

トイレには一緒に十五分以上いました。私は「もう帰っているだろうな」と思ったのですが、その女性はまだしっかりと私達を待っていました。木村社長は嫌な顔を見せずに明け方まで付き合ってくれました。

当時一千億円に迫る売上高を持つトップがほんの数日前に入社したパートの女性の愚痴を聞くために徹夜をしたのです。木村社長に見る「社員は我が子」です。

今年私は、齢八十二を数え、病の定期便は続いていますが、染みついている木村〝命〟(魂)で、その都度乗り切っています。「これからが、これまでを決める」主義で図々しく生きます。

木村和巨語録「人間は円熟してはならない。人間が円熟を迎える時は死を迎える時である」

(入社一九七三年　退社一九八四年　在籍期間：十一年　在籍部署：宝石小売事業部)

木村社長を囲んで!!

木村和巨様ありがとうございました。

山田　堯子

株式会社三貴社長の木村和巨氏がお亡くなりになったことを突然知って、本当に驚きました。あのように精神力が強い木村和巨氏と、死という言葉は全く結びつかず、自分の聞き違いかと思ったほどです。

木村氏とは小学校の同級生でした。目のキラキラした、納得いかなければ担任の先生をにらみつけて質問する少年でした。不思議なご縁で、その少年が成長して経営する企業の傘下の出版部門で仕事をすることなど、その頃は思いもよらないことでした。

私は九段にある小さな出版社で、三十代から仕事をしておりました。三十代の終わり頃、小学校のクラス会があり、立派な企業人になった木村氏と出会いました。

その時私は、少年だった木村氏が授業の時に「ぼくは世界連邦を作って、連邦政府を作るべきだと思います。そうすれば戦争もなくなります。」と言ったことを思い出しました。

余りそういうことは考えたことがない少女だった私は、彼に尊敬の念を抱いたのは確かです。

木村和巨氏のことを書きたいと思い、彼に私からお願いをして『無限の創造へ』の本を書かせていただきました。その時のご縁で、私は木村和巨氏の経営なさる三貴の出版部門である「ライブ」に入社させていただきました。ライブに入ってからの多くの経験は、私にとってありがたいものでした。

一つは木村氏の母校である早稲田大学教授でいらっしゃった哲学者の神澤惣一郎先生のご本を出版し、先生から沢山のことをお教えいただいたことです。もう一つは「タルムード」というユダヤ人の聖典を、世界では真に価値の高い本を、日本ではじめて翻訳をはじめたことです。東京大学の宗教学の教授でいらっしゃった市川裕先生のご指導で約二十人の学者の方々にお願いして、翻訳をはじめましたが最後までは続きませんでした。しかしすばらしい社会貢献でした。私としては双方のすばらしい経験をさせていただき、ありがたいことでした。

この度、木村和巨氏の追悼集を作りあげることは本当に価値のあることと存じます。心よりお礼を申しあげます。編集委員の方達もありがとうございます。又、木村和巨氏は非常にご家庭思いで、『無限の創造へ』を書きました折り、奥様のことを「かけ根なしに良い女房です」とおっしゃっていたことを思いだします。奥様もお幸せな反面、ご苦労も多かったと存じます。

どうぞお元気でお過ごし下さいますよう、お祈りいたします。

（入社一九七九年　退社一九九九年　在籍期間：二十年　在籍部署：ライブ）

ライブ山田編集長を中心に打合せ

三十有余年の追憶

涌井　清治

三貴との縁は木村和巨夫人の弟、橋本勝正さんと高校の同級生だったからだ。その仲間のもう一人が三貴第1号社員中野修さんだった。

高校を卒業して日本道路工業に就職、次に行った会社のゼンザブロニカで働いているときに、木村氏より、中野さんと私に、三貴に来いと誘われ入社した。

その時に三貴の売り上げを一年で1億円にするといわれたが、実際は2億、3億、ぐんぐん売上を伸ばしていった。

理由は記憶にないが、一度解雇された。

マキ赤羽店開店の時に戻って来いと言われ、店長として復帰、マキ調布店、八王子店等新店オープン毎に転勤の繰り返しで、まるで新店開設専門店長だった。

私は、店頭ではあまり売れなかったため、殆ど店には居ないで、外商で売り上げを作っていた。

私には小さな店でお客様を待っているよりも家庭を回りながらの訪問販売のほうが向いていたと思う。

小売部門を離れてからは総務部、開発部不動産課などを経て最後は一九九八年（平成十年）大型店舗の上野本店支配人で退社した。


不動産課の時に、千葉県多古町と長野県白馬村の地上げに関わる。多古町では婦人、子供服部門の配送センターを建設したが、将来三貴を定年退職した人たちが集まり、老後をゆったりと過ごせる町にするために広大な土地の購入をした。

木村社長は独身の女性社員の為に老後に共に働いた仲間と一緒に住める老人ホームの建設をするから心配するなと店長会等でもしきりに話していた。


白馬村は、カメリア山荘周辺に広大なテニスコートを作る計画で購入した。

「カメリア山荘」は前述の橋本勝正夫妻が管理人で、三貴にとっては初めての福利厚生施設だった。

全国の社員のお子さんたちが、冬はスキー、春や夏は川遊びや昆虫採取など自然の中でいろいろな遊びができるので、予約を取るのが大変な位人気であった。又、山荘の庭に役員の皆さんが記念の植樹もされていた。三貴に経営危機が訪れた時これらの土地が値上がりしており、売却によりかなり助かったのではないかと思う。

木村社長の厳しさの思い出としては、ある信販会社の社長が木村社長との会食予定をキャンセルした。その理由として、信販会社の社長が趣味の車のイベントに出かけていたと知り、木村氏はその場で経理担当役員にその信販会社との取引を停止させたことがあった。

三貴での思い出は尽きないが、退社後も長く宝石業界で仕事が出来たのは有難い事だった。

（入社一九六五年　在籍期間：三十有余年　在籍部署：小売事業部・総務部・開発部不動産課）

創造と挑戦

和田　勝

私は三十歳の時、㈱三貴の社員募集に応募した中途入社組です。その後約十二年間在籍させていただきました。

最終面接で松ケ野統括部長から、随分と辛らつな質問を受けた覚えがあります。情報管理部に配属されましたが、大型コンピュータ（日立ハイタック）が装備され、ＰＯＳやＯＣＲタグ等、先端を行く企業でした。各店舗の売り上げが翌朝には本部で収集できるなど、今では当たり前ですが当時は画期的なシステムが構築されていました。

その後、宝石商品部に転籍となり、コンピュータを扱う専門性から社内では少し遠隔だった部署から本丸の部署への異動という事で、まるで戦地に赴く兵士を送り出すかのような送別会をしていただいた事も、懐かしい思い出です。

宝石商品部では生産計画や生産管理の業務を行いました。残業は当たり前で、ほぼ毎日終電での退社、時には泊まり込みとなり、椅子を並べて横になり、仮眠を取る事もありました。朝は池袋駅構内にあった栄養ドリンク販売スタンドでリゲイン（二十四時間戦えますか！）を飲んでから出社しました。

㈱三貴の功績は、それまで一部の富裕層のものだったジュエリーを高度成長を踏まえ、一般大衆化させた事だと思っています。ジュエリー市場のマスマーチャダイジングです。その為の、スーパー内出店、商品化する宝石の品質範囲を拡大する為のデラ枠、ドミナント戦略、店舗設計、将来の顧客開拓の為の深夜CM放映、生産から販売までの垂直統合（バーティカルインテグレーション）。新たな市場を〝創造〟していく姿を目の当たりにしました。その、わくわく感があるからこそ、いわゆるブラックな職場環境の中でもやってこれたのだと思います。

本来業務の他に、キャンペーン応援、棚卸、福袋、歌とリズムとファッションの祭典などにも係わらせていただきました。

アメリカ研修で視察した、当時の米国流通業をリードしていた「ザ・リミッテド」「シアーズ・ローバック」「ニーマン・マーカス」等々はその後、経営破綻しています。そして現在の㈱三貴の姿。環境変化に対応していく難しさ・怖さです。

退職後、会社を立ち上げて今に至っています。社名は社是の中から〝創造〟と〝挑戦〟をアレンジして命名しました。

零細企業ですので、教えていただいたマスマーチャンダイジングの隙間を狙うのが、戦略となります。在籍中は、様々の経験をさせて頂いた一方、時には不合理や不条理を感じることもありました。

㈱三貴での代えがたい経験は、良きにつけ悪しきつけ、今の生き方を形作ってくれました。

（入社一九八三年　退社一九九四年　在籍期間：十二年　在籍部署：情報管理部・宝石商品部）

すべては良くなる為の変化

㈱佳論代表取締役　辰巳　明弘

株式会社三貴との出会いは、私が二十二歳の時でした。当時勤めていた会社がフランチャイズ契約で奈良市に【ジュエリーマキ 西大寺店】を出店した事がご縁でした。

それからは、それまでの平凡な日々が怒涛の如くエキサイティングなものに一変し、まさに小川から大海に放り込まれたようなショックと混乱を味わう事となりました。

しかし、三貴主催の店長会や勉強会に参加させて貰う事で、多くの学びを得る事が出来たり、売上目標等の厳しいプレッシャーを日々与えられる事で業績は桁違いに向上しました。そのお陰で複数の企業がマイクロバスで、頻繁に見学に来られるような模範店までになりました。私は自分の努力が認められたような嬉しい気持ちで、このまま順風満帆に発展して行くものと信じて疑いませんでした。

しかし、数年後のある日を境に『正直者が馬鹿を見るような、こんな理不尽な事があっていいものか！』そんな思いになるような葛藤の日々を強いられる事になります。

というのも、三貴が一方的に全国のフランチャイズ契約店を直営店に切り替えるという方針を打ち出したからです。西大寺店が契約解除せざるを得ないような状況に追い込むべく至近距離に直営店舗を次々と出店したのです。

長年にわたり懇意にさせて頂いているお得意様から「同じジュエリーマキなのに、なぜ割引率が大幅に違うの？」「あちらでは西大寺店は直営店舗ではないからと、批判めいた事を言っているが一体どうなっているの？」と詰問され、「店長のあなたを、もう信用できないから返品する！」等のクレームで大混乱。この対応では随分と辛く切ない、大変な思いをしました。

しかしながら悪戦苦闘する中で、随分と精神面は鍛えられ、営業面では様々な創意工夫が生まれました。結果的には近隣の直営店舗は退店し、我が西大寺店は残りました。

また河野善四郎氏はじめ三貴社員の方々との取り組みは、私の視野を飛躍的に拡げてくれる事になりました。今となっては、私にとって貴重で有難い学びであったと感じます。

三貴学校を三十七歳で卒業し、その後、人材育成を目的とした会社を創業しました。お役立ちNO．1のコンサルタント会社を目指し、寝食を忘れて働いたことで、五年後には気がつけば社員数が三十名になっていました。

その後、紆余曲折はありましたが、七十二歳になった現在も、お陰様で気の合う仲間達とやり甲斐のある企業支援の仕事を続けさせて頂いております。

この歳になって感じるのは、憤慨していた当時の恨み辛みの言動の中には、自分の未熟さ故のものも有ったように思います。

私にとって三貴は、人生において、とてつもなく大きな影響を与えてくれた存在です。厳しい戦いと苦しい葛藤の中で体得した事や、その渦中で育まれた素晴らしい人間関係は何物にも代え難い私の大切な宝物であり、創業者の木村和巨氏には感謝もしております。


これからも三貴学校で学んだ事をはじめ、いままでの私の体験で得たことを、子供や孫、そして仕事や人生に挑戦している後輩達に伝えていきたいと思っております。

そうして少しでも世の中のお役に立っていく事が、株式会社三貴への恩返しでもあり、それが私の使命であると確信しています。

これからも全ての事に感謝の気持ちを忘れずに生涯現役で励んでいく所存です。


（入社一九七二年　退社一九八七年　在籍期間：一六年　在籍部署：ジュエリーマキ西大寺店（フランチャイズ契約）

それは衝撃的な登場だった

元㈱電通パブリックリレーションズ総務局長　片岡　徹

巨泉の「11PM」が人気を博していた深夜の時間帯にTVジャックがあった。どこの局にチャンネルを切り替えても、〝じゅわいよ　くちゅーる　マキ　銀座〟〝カメリアダイアモンド〟etc。スーパーモデルや芸能界できらめいている女優、歌手を起用した高質な、そして美しい映像による怒濤のCM攻勢。

放映料の安い十一時台といってもあの大量投下。贅沢な予算を惜しげもなく投入したに違いない製作費。それも男しか見ない時間帯に（メインターゲットは女性ではなく当初から男性だったのかもしれない）。こんな戦略をいったい誰が立てたのか、またそれを良しとして打って出たなんと大胆な会社か。創業十余年にしてこの勢い。驚きと羨望をおぼえた。この三貴に学生時代の一年先輩、河野氏がおられた。

某広告代理店の傘下のパブリックリレーションズ専門会社に勤務していた私は、その伝手を頼って商い（?）に出かけた。社長の創業理念は「手の届かぬ宝石を安く誰にでも身近に」だったと聞いていたからだ。それならば広告宣伝だけでは不十分、広報体制の整備とその活動の充実が必要だと考えたのだ。

はじめてお会いしたのはJハウス担当部長の鍬田さん。スレンダーで気難しそうな人だった。話はじっくり聞いて頂けたが、結果はノックアウト。あとでご本人にお聞きしたら宝石は売れに売れ全国に店舗展開するのに急だったとのこと。PRどころではなかったのだ！

ノックアウトされた後も素敵なCMは続く。ここから優れたタレントや音楽家も育っていったと関係者から聞き及んだ。

今ひるがえって考えてみれば、あの時の三貴は一つの時代を画したんだと思う。

クリスマス、恋人へのプレゼントは宝石の指輪とディズニーホテル。こんな記事が紙誌を賑わした。渋谷109の小さなお店の一日の売り上げの凄まじさ、決して安くない宝石を行列して買う若者。私たちの世代では到底考えられなかった世界。ティファニーで朝食を、なんて映画の世界が形を変えてこの日本の現実となってきたのだ。

ツイッギーが、レナウンのイエイエ娘が、それまでの女性たちのファッションと生活行動を明るく軽やかに変えた。三貴はそれらと同じエネルギーと圧力をもっていた。

戦後の焼け跡からの復興そして国民の七〇％が中流階級であると自負した豊かな世界。

この頂点を華々しく飾ったキャンペーンがこの〝じゅわいよ　くちゅーる　マキ〟だったのではないか。

そして、それから、ある時、新聞に三貴の裁判に関する記事が掲載された。やんぬるかな、最悪のケースですね。次いで宝飾業界を席巻した三貴が、ミネラルウォーターを販売するとの記事。最後は、盗賊の一団による重大被害。事ここに極まれりの感でした。

三貴の戦士だった方々の集まりに、何度かおじゃまさせていただいた。

その席上、「日本は、宝石の輸入国から輸出国になったのだ」との話があった。輸出といっても、日本総体として利益を得るといった場面は想像できない。日本は、『ジャパン・アズ・ナンバーワン』といわれた時代から、今日の閉塞した状態に立ち至った。思い出の宝石を、結果的には海外へ売るハメになった。これは他人事ではない衝撃的な事態だ。

三貴は、日本のこうした荒い波に乗って頂点を極め、そして去って行く鬼っ子だった。あれだけの光を放った存在だけに今は寂しい。平家物語を想う。

私と株式会社三貴

㈱鈴木貿易代表取締役　鈴木　美裕

私が㈱三貴と知り合ったのは一九七五年（昭和五十年）に貴石、半貴石、輸出入卸をしていた㈲北市商事の社員として㈱三貴の担当になった事が始まりでした。その後一九八五年に独立し㈱鈴木貿易を興し、引き続き二〇一〇年迄約三十五年間に渡り取引をさせて頂きました。

㈱三貴の年商は、一九七五年頃は約四〇億円前後だったと思います。それから急成長、最盛期は年商二〇〇〇億円という巨大企業になりました。

今思うになぜ巨大企業が砂上の楼閣の如く急激に縮小してしまったのか?内部の事情は知る由も有りませんが、外から見て思うに、木村社長は余りにも自信過剰で他人の意見を聞き入れなかったとのこと、残念に思います。上りは力であるが下りは技である。業界が縮小傾向になってからの技がなかったのか?成功体験が強すぎたのか?

あのバイタリティーに溢れ、会社経営の全体骨格の要を押さえ又非常に細かいところまで目を配り、多くの優秀な人材を育成しながらその人材を活用しきれませんでした。でもその人材は今、多方面で活躍され業界発展に多大に寄与しています。

一九七〇年頃の宝飾業界は零細企業の集まりで時計屋、眼鏡屋等の販路が主でした。㈱三貴は、アメリカで流行していたチェーンストアの仕組みをいち早く導入しそれが現在のスタンダードになりました。この功績は非常に大きいと思います。しかし社員の方々は前例のない急激な事業拡大、前進のみ後退を許さない木村社長の下で非常に御苦労されたと思います。

私の会社は未曾有の宝飾業界拡大期に㈱三貴と取引させて頂いたことは大変幸運でした。感謝しております。

今、思い起こすと㈱三貴の担当者の方は延べ三十名以上、全ての方々に良き御指導を頂きました。一人一人の顔を思い出します。仕入れ先の国（インド、スリランカ、タイ、香港、メキシコ、コロンビア、ブラジル等）でもよくお逢いました。良い思い出です。

先日、中野様、河野様、等にお会いした折、木村社長の菩提寺（文京区向ヶ丘の海蔵寺）を教えて頂きました。早速お墓参りをしてきました。生前には特に面識はありませんでしたが㈱三貴　代表取締役社長　木村和巨様　のご冥福をお祈り申し上げます。

修証一等　只管打坐

私と㈱三貴

㈱ホーリ代表取締役会長　堀　奉之

加工業者として㈱三貴に出入りしていました。私が見たところ貴金属業界の他の業者とは㈱三貴は全てに違っていました。城内に閉じこもり外部とは遮断した宗教団体が、自分だけの価値観や世界観で相対してくるような感じを受けました。

先ず、私にとってはそれまで無かった手形取引です。不測の事態を考えた場合、私の仕事人生は終わりを遂げる可能性があります。私は、受け取った手形は絶対割らないようにしました。実際のところ仕事は現金で受け取りが一般的であり、手形では厳しいです。勿論ある時期からは手形は割って仕事をしました。従って他の得意先と違い㈱三貴を特別視していました。また当時の木村社長のことは、それこそ「影をも踏ませぬ」織田信長と重複して私には見えていました。

厳しいことばかりではなく楽しい思い出もあります。海外研修旅行です。勉強のための旅行ですが、なぜか加工業者が同行しました。なぜ我々が同行するのかと疑問を感ずることもありましたが、ある年、私の旅行中の態度が悪いとのことで、帰国後に一か月間の発注を止められると云うこともありました。

一方、木村社長から、米国での宿泊ホテルに巨人軍の長嶋監督が今フロントにいるから、野球に詳しい堀さんが行って話をしてくるようにと言われ、初対面の長嶋監督からは厳しい旅行の激励を受け、テキサスでの夕暮れの外での夕食会では、テキーラを飲みながらメキシコ音楽を聞いたこと等々、今でも思い出すと楽しくなるような思い出もたくさんあります。

㈱三貴全盛時、「三貴会」と称する取引先の集まりがありました。特に加工業者の集まりは、結束が強かったように思います。集まった仲間でゴルフをよく楽しんだのですが、ときどき㈱三貴も入りましたが、我々だけで隔月おき年六回、十二年間も長く続きました。仲間意識も強く、よく情報交換もしたものです。これも楽しい思い出ですが、終盤は景気の陰りもあり業者同士がライバル関係になり少し残念でした。㈱三貴はこの集まりをいろんな意味で十分過ぎるほど活用したはずです。㈱三貴が作った会ですから当然と云えば当然です。

時が流れ、当時の仲間たちの消息が途絶え、寂しい限りです。働き盛りの仲間たちとの交流を思い出すと今でも熱いものがよぎります。

最後に業者として外側から見てきた感想ですが、私の場合、先ず㈱三貴と離れる際、世間では「恩義があるのに堀は離れた」と云われましたが、㈱三貴内部の方は知ってると思いますが、条件を飲まなければと云うことで実質的には切られました。

私が思うに〝どっちもどっち〟だと云う思いが強いです。外から見た時、㈱三貴は業界の中に於いては堅固な城をつくり、業者とは距離を置いて存在感を発揮し、城内に於いても㈱三貴の固有の価値観で最後迄全うされたと思います。

私からは大変僭越ですが、もう少し日本の宝飾業界の内情や流れを見ていただき、城の中に堅く閉じこもらないで頑張っていただきたかったです。

しかし私にとっては㈱三貴及び木村社長は、仕事人生の中では大きな存在であったことは紛れもない事実です。

画期的企業メセナとしてのタルムード翻訳出版

東京大学名誉教授　市川　裕

企業人木村和巨氏の隠れた業績としてぜひ語り継ぎたいのは、企業メセナで取り組んだ事業である。私は、幸運にもこの企画に最初から関わらせてもらった。タルムードというのは、ユダヤ教の聖典の名である。ヘブライ語で「学習」という意味の言葉だが、ただの学習ではなく、神の啓示の学習である。ユダヤ民族が二千年もの間、祖国をもたず世界中に離散してもなお、ユダヤ人であることを失わなかったのは、ユダヤ教という宗教のゆえであった。その宗教が人々に命じたのが、「モーセの律法」の学習だった。その学習の積み重ねが書物となっていて、図鑑のような大判の書籍で二十巻、英訳付きの場合は三十巻にも及ぶ大著である。木村氏はそれを、日本語に翻訳出版し、研究機関、公共図書館、そして研究者に無償で配布することをメセナで実現してくれた。

ではなぜ、宝石の会社の創業者がユダヤ教の聖典に関心を示したのか。

ダイヤモンドと聞けば、その流通にユダヤ人が深く関わっていることを知る人はいるだろう。木村氏も実際に多くのユダヤ人宝石関係者と交流があったのだ。そればかりか、ユダヤ人の企業家との間でひとたび信頼関係ができると、彼らは苦境に陥った木村氏を何度となく助け、返済を待ってくれたり、様々な便宜を図ってくれたりしたという。ときに、木村氏が信頼を寄せるユダヤの友人に彼らの生きるうえでの強さの秘密を尋ねたところ、決まって同じ返事が返ってきたという。それがタルムードだった。その書籍を見せられたことも何度となくあったようだ。そこから、日本人なら論語に当たる人生の指針となる書がタルムードなのだ、ということを会得された時、木村氏のメセナへの発想が生まれたのだと思う。メセナの会議で木村氏がそのことを実に楽しそうに話されるのを、わたしは今も思い出す。仕事では大変厳しい方だとうかがっていたが、会議ではいつも嬉しそうだった。

ただ、メセナの決定には、もう一人、忘れてはならない人物がいる。木村氏の母校早稲田大学のワンダーフォーゲル部の顧問をしていた、商学部の神澤惣一郎先生である。アダム・スミス研究で、情念の哲学を深

＊写真は、東京大学本郷キャンパス、総合図書館に配架されたもの。筆者撮影。

く追究されていた方で、ワンダーフォーゲル部に所属した木村氏が卒業後も、何かと頼りにされていた。その後起業した木村氏は、三貴コーポレーションの企業顧問にお願いしていたのではないかと思う。木村氏にとって、深い信頼を寄せた人生の師匠のようで、その役割は英語の「メンター」がピッタリするように思う。その神澤先生が、「メセナをやるなら、学術的に意味のあることをやりなさい」、と叱咤激励されたと聞く。そうなれば、タルムードを日本語で出版すること以外には、もはや考えられなかったということだ。

ただ、問題は、日本には当時、ユダヤ教を研究する学者はほとんどいなかった。ましてや、一般のユダヤ人でさえ敬遠するタルムードの研究に至っては、ほぼ皆無の状態だった。そんな降って湧いたような「タルムード翻訳出版事業」の話が、エルサレム留学から帰ったばかりの私の耳に入ったのが、一九八六年だったと記憶する。ヘブライ大学でタルムードを学び始めた私は、日本でそんな事業が待ち受けていようなどとは想像もできなかった。が、企画の当初から関わることになり、様々な困難を乗り越えて、一九九三年六月に、第一巻として、『バビロニア・タルムード・メギラー篇』が世に刊行されたのである。その後も、十名を超える研究者の様々な協力のもとで、紆余曲折を経ながら事業は継続し、二〇一六年に、十六冊目が刊行されたのを最後に、事業は終了した。

書籍としては、実に豪華なハードカバーの装丁で、本家本元のタルムードの大判に近い体裁で、通常の書籍造りとしてみても、採算を度外視して出版されたと言ってよいだろう。メセナだからこその作品であった。学術的に意味があることを目指したおかげで、全巻の出版に至らなかったとはいえ、既に十六冊が公共図書館や大学図書館に並んでいる。この学問的意義は失われることはなく、これをもとに学ぶ学生が出てくる貴重書籍である。そうした企業メセナによる本書出版の意義について、拙著『ユダヤ人とユダヤ教』(岩波新書二〇一九)の巻末の文献解題に記載した。

今にして思えば、一九八〇年代と九〇年代は、日本がGDP世界第二位を誇った経済大国で、企業メセナが盛んに行われた稀有の時代だった。その中で、今に至るまで、あるいは今後も、文化的学術的に日本社会に貢献する企業メセナとして、何が人々の心に残るのだろうか。その中で、タルムード事業は間違いなく残る。そして、日本で試みられた唯一のタルムード全巻翻訳出版事業としても、語り継がれることになるであろう。木村氏と神澤先生の思いは、達せられたのである。

故佐々木惇氏を偲んで

佐々木惇氏が亡くなられて、五年が過ぎ去ろうとしています。三貴の創業期から大阪三貴を中心にお仕事をなさいました。その独特の語り口で、ご指導を受けた社員は数多くいます。今回の出版にあたり、奥様にも快諾を頂き、社内報「道標」から次の三つの記事をピックアップ致しました。

経営方針発表会、販売キャンペーン、仕事はじめ式等にての佐々木惇氏のお店の方々へのお話です。

組織を通して女性にのぞむこと　型、けじめ、そして責任を

◆まず型を身に着けて欲しい

話し方、聞き方、姿勢、お化粧、服装、なんでも自分の好みでできると思ったら大間違いです。

◆公私のけじめははっきりと

会社において優先すべきは仕事であって、自分の都合ではありません。体調、気分をコントロールできることが大切です。

◆自分の責任を果たすことが組織人

好意的に一生懸命にやるというのではなくて、やるのは当然で、絶対やり遂げなければならないのです。女性だと言って泣く、すねる、ふくれる、喚くなどされたら対応のしようがありません。耳障りの悪いことも、自分の意思に反することも、それが指示命令だったら即実行することです。あなたの成果は、公正に評価されています。

（一九八八年七月　組織を通して女性に望むこと。佐々木常務）

200GO！GO！キャンペーンの最後の月を迎えるにあたり。

キャンペーンも残すところ十二月を余すところとなりました。平成元年、この歴史的一年をよりメモリアルなものにするために、私たちの力を結集して不滅の金字塔を打ち立てましょう。街には商品があふれています。豊かなお客様は、さらなる豊かさを求めてお店、商品、サービスを探していらっしゃいます。私たちは、お客さんの気分に受け入れられれば、いくらでも売ることが出来ます。だめなら見向きもされないのです。

そのためにわたくしたちは、わが地域、わがショッピングセンターにおいて、

1）お店ピカピカ度一番

2）すてきな笑顔一番
3）誉め言葉一番
を達成しましょう。大事な十二月の突入に当り、心と体の管理を十分にしましょう。そして悔いのない一年のしめくくり、思い出に残る年に致しましょう。
（一九八九年十二月　２００ＧＯ！ＧＯ！キャンペーンでの挨拶　佐々木専務）

世界一の自信と、それを伝える熱意を！

今、お客様の数に比して、お店の数も、ストックされている商品も過剰です。どこかのお店が潰れ、消えてなくなる運命にあります。とにかく我々は、ナンバーワン主義で行くことです。クリンリネス、商品陳列量、価格、店舗演出等が、どこよりも「最高」であることです。そして、最高の笑顔、ホメ言葉、元気でさわやかな声があふれるわが店はなんと楽しい店ではありませんか。

我が社と競合店とは、体質がすべて違うのです。社長が創業以来、鋭意構築してこられた我が社の構造は、今この未曽有の不況の中にあって、真の力を発揮しています。

どこよりも価値ある商品、どこよりも豊富な品揃え、そして、お客様本位の商品づくり、お客様の商品満足度を保証すること、まさに日本一、世界一なのです。もし我店に不足しているものがあるとすれば、それは世界一の「自信」と「誇り」とそれをお客様に伝える

「熱意」です。

お店では、ＤＭセールの効果が出ています。世界一のチラシも打たれます。今や攻撃の時です。子供服も、婦人服も、宝石も昨年実績の２００％をこえる力を持っています。

わが店の他に、どこにこんなお店があるのでしょうか？「自信」を持ちましょう！

そうすれば、気持ちが前向きに明るくなります。自然に笑顔も、ほめ言葉も、さわやかで元気な声も出てきます。すべてにわたって競合店を圧倒な強さで上回ります。

（一九九二年十月　ＡＢＣキャンペーンにあたって　佐々木専務）

出版編集委員会追記

佐々木惇氏は一九九三年に二十六年間勤務した（株）三貴を退社し、（有）たゆみまを設立されました。会社の名前は、四人のお子様の頭文字をとって、社名としたとのことです。

もともとお好きだった植物、特に南米アンデスに自生するチランジア（エアープランツ）の農園を千葉県鴨川に作られました。（有）たゆみまは、次男豊（ゆたか）氏が跡を継がれ、創業後二十八年経過しています。

千葉県鴨川にある㈲たゆみまの輸入チランジャを保護して再生するためのビニールハウス

故通畑亮一氏を偲んで

故通畑亮一氏は、三貴で四十年以上にわたり、財務・経理関係のお仕事を一筋になさっていらっしゃいました。その通畑亮一氏が、三貴が急速成長を続けていた一九九〇年の春に、ＭＲＳＴ（三貴米国流通業視察旅行）の団長として三十名強の社員を連れて渡米し、帰国後に視察結果を「道標」にお書きになっています。

まさに「三貴学校」と言われたひとつが、毎年春と秋に行われていたＭＲＳＴでしたが、仕事一筋に邁進された通畑亮一氏の誠実なお人柄が、強くあらわれた文章です。

【90'春のＭＲＳＴ報告】

90'春ＭＲＳＴ研修は、サンフランシスコ、フレズノ、ラスベガス、ロサンジェルスのショッピングセンター、専門店等を視察、調査してきました。その様子を団長の通畑亮一専務にお聞きしました。

日本一の専門店企業の一員としての誇りと自信を持ち、一流企業人としてのマナー、エチケットを心掛け、十日間の研修を続けようとちかって、五月十日ＭＲＳＴのメンバー総勢三十二名（二十名初参加）成田を出発、サンフランシスコ、フレズノ、ラスベガス、ロサンジェルスの各都市にある三十二か所のショッピングセンターを視察して五月二十日帰国しました。

今回の視察目的の中から特に今、アメリカで業績の伸びているお店についてまとめてみました。

百貨店のノードストロームに向かう MRST のメンバー

第一にストアイメージが明確になっているお店です。百貨店のノードストローム、婦人服専門店のリミテッド、ギャップ、子供服専門店のディズニーストアはその代表です。これらのお店は看板がなくとも一目瞭然、お店のメッセージがお客様に伝わってきます。

第二に、基本事項がしっかりと守られているお店です。デイトンハドソングループの「ターゲット」「マービンズ」は、目をつぶって歩いていてもどこに何が陳列してあるか分かるほどの標準化されたレイアウトと、ピカピカに磨き上げられた売り場にメンバー一同繰り返し商売の原点を教えられた思いです。

第三に売り場のSSさんの笑顔と動きの良さです。ノードストロームのSSさんのアプローチの速さ、商品を進める時の姿勢、笑顔にはすっかり魅せられてしまいました。まさにエンターテイメント、ホスピタリティの鏡のような接客の素晴らしさでした。

ゆったりとしたノードストロームの婦人服売り場

次に私達メンバーは、アメリカの競合の激しさについて、随所で確認することが出来ました。ショッピングセンターでは、あちこちにシャッターを下ろしてあることに気が付きました。フレズノのダウンタウンの商業機能は、サバーブのショッピングセンターにお客様を奪われ、ほぼ壊滅状態になっていました。かつては栄華を極めたスペシャルティセンターのオールドタウンモールは、全面改装中でした。お客様を忘れた時、あるいは立地の変化という大きな流れに乗れなかったとき、瞬時にして叩き潰される様を見ることが出来ました。

最後にメンバー一同、アメリカ人の勤勉さ、特にショッピングセンターで働いている人々が、自分の仕事の「責任」を果たそうとしている姿に、特に深い印象を受けました。

三〇〇〇億、三〇〇〇店舗を中期目標とする三貴グループの一員として、今回で学び体得したことを、いかにこの目標に向かって、さらに充実していくかが、メンバーの責任であることを確認して締めくくりといたします。

フレズノのダウンタウンを行く通畑専務（右から２人目）右は佐々木専務

出版編集委員会追記

通畑亮一氏は、ある文章に奥様のことを次のように記されています。「昭和四十三年九月に三貴に入社して以来、四十年もの間、家庭を顧みることなく、粉骨砕身、死に物狂いで三貴のために働いてきました。妻は、不平不満もあったとは思いますが、私のことを支えて来てくれました。・・・私は、妻に対して、すまない気持ちで一杯でした。」

通畑亮一氏は、九州は鹿児島県速水市のご出身です。まさに自らも九州男児であることを誇りとなさっていました。地域柄、男尊女卑的な気風が強いと言われますが、本当は心から女性を大切にするフェミニストであったと思います。

第三部

三貴の歩み

〈社是〉

創　　造
挑　　戦
信　　頼
相互扶助
愛

三貴社史を中心に纏めました。

社是は朝礼・終礼で唱和しました。すべての事務所、部署、お店のスタートは社是の唱和からでした。

社史　夢―それが三貴の原動力だった。

年	月	
1965	4	●㈱三貴設立される。
1967	5	●㈱大阪三貴設立される。
1968	3	●㈱マキ設立される。
		●青山事務所・ショールーム開設される。
		●宝飾小売店“銀座ジュエリーマキ”チェーン展開も同時に開始する。
1969	4	●“銀座ジュエリーマキ”直営第1号店が品川区大井町にオープンする。
		●この年、リビングファッション部門にも進出する。
1970	11	●リビングファッション（輸入雑貨）の店“ブティックジョイ”第1号店が横須賀にオープンする。
		●社員数約50名
	4	●三貴グループ本部　東京都千代田区神田佐久間町に移転する。
		●北海道営業所設立される。
		●業界に先駆けて、週5日（週休2日）制度が実施される。
	10	●㈱J・ハウス設立される

年	月	
1972		●サミスターダイヤモンド、ファインセレダイヤモンド全国発売、さらに続いて、カメリアダイアモンドが全国で発売される。
1973	4	●子供服専門店ファニイ設立される。
	7	●“ファニイ”1号店が三島にオープンする。
	9	●三貴グループ本部を東京都港区白金に移転
1974	6	●貴金属加工部門の㈱サミコ設立される
1975		●年間優秀社員制度が発足
		●社員数約350名
	4	●新しいジュエリーファッションの店“銀座じょわいよくちゅーるマキ”第1号店がオープンする。
1977	7	●フランスのデザイナー、ジャン・クロード・グロと宝石部門で提携し、宝石のデザイナーの草分けとなる。
		●続いて、山本寛斎と宝石部門で提携する。
		●“ブティックジョイ”を婦人服カジュアル服の専門店とする。
		●オリビエ・ドゥ・ペルサン、池田貴雄と、次々にデザイナーブランドの開拓が続けられる。
1978	10	●山本寛斎と子供服部門で提携。デザイナーズブランドの波が子供服迄及ぶ。
		●池袋サンシャインに“銀座じょわいよ・くちゅーるマキ”“ブティックジョイ”“ファニイ”がそろってオープンする。

年	月	
1979	6	●“共存共栄”の精神のもとに画期的な組織CDC（カメリア・ダイアモンド・チェーン）が発足する。
	7	●三貴グループ本部を東京都千代田区岩本町に移転。
	8	●毛皮専門店“マリエール”第1号店が、池袋サンシャインにオープンする。
		●池袋サンシャイン店が、宝石、婦人服、子供服、毛皮とすべてがそろったモデル店となる。
		●カメリアダイアモンドのCFにジュディ・オングを起用。“君は逢うたびに美しさが違うね”のコピーが話題となる。
		●池田貴雄と子供服部門で提携する。
1980		●カメリアダイアモンドのCFにスーザンアントンを起用し“スーザン旋風”を巻き起こす。
1981		●チェリー・ミュグレーと宝石部門で提携する。
		●池田貴雄、エマニュエル・カーン、シャンタル・トマスと婦人服部門で提携する。
	3	●㈱ライブを設立し、出版事業に進出する。
	11	●池袋サンシャインにて82春夏コレクション・ファッションショー「Je suis Japonaisa わたしはにほんの女」を開催

年	月	
1982		●レッグスファッションとシューズの店“ミラクルメニュー”オープン ●池袋サンシャインにファニイベビーショップオープン
1983	3	●トップス＆ボトムの店“ザ・ギャップ”オープンする。 ●Sサイズ専門店“パティファイブ”オープンする。
		●Lサイズ専門店“しゃれっと”オープンする。 ●アクセサリーの店“ジェイスパイス”オープンする。
	4	●イギリスのデザイナー、デービット・ヒックスと提携
	5	●フランスのデザイナー　ダン・ベランジェと提携する。
1984	4	●フランスのデザイナー、オリビエ・ラピドスと婦人服部門で提携、ブランド名は、オリビエ・モンタギュ
	6	●デザイナーズ・ショップ、「ジャンポール・ゴルチェ」「アンクライン」「エイドリ」、「JC.カステルバジャック」「エマニュエル・カーン」がそろって池袋サンシャインにオープンする。
	10	●優秀社員で構成される「ミキゴールデンクラブ」「ミキサファイヤクラブ」発足

年	月	
1985	5	● 自動配分装置による三貴商品センター完成
	6	● 養老年金制度確立
	8	● 三貴健康保健組合設立
	10	● 「ミキカード」「ミキメンバーズカード」ができる。
1986	3	● 天然甘味料シュガクリア発売
	8	● 本部を東京都豊島区東池袋に移転
	9	● フランスのデザイナー、ベルナール・コーラと婦人服部門で提携。ブランド名はリタ・ボヌール
	10	● ニューヨークのデザイナー、ベッツィ-・ゴンザレスと婦人服部門で提携する。ブランド名も同名。 ● 新感覚のディスカウントショップ「ピーリード」オープン
1987	1	● 三貴健康手帳発行、社員の自主的な健康管理を奨励する。
	2	● エマニュエル・カーン、オリビエ・モンタギュブランドの子供服を発売
	3	● ミキカード会員へのサービス充実と、無店舗販売の実現のため㈱キュウ設立
	4	● ジュエリー洗浄剤ぺりシャス発売
	5	● 遺族一時金、遺児年金制度が発足する。
	9	● ミキ・インターナショナル・トレーディング㈱設立　生産地が海外へ移行し始める。

年	月	
1988	4	●新感覚のジュエリーの店“ミス・嵯峨野”オープン
	9	● 社内報「道標」のビデオ版 VIDEO NETWORK　DOHYO 完成
1989	10	●㈱三貴システムデイベロップメント (MSD) 設立（旧情報管理部）
		●グループ全体で 1000 店舗突破
1990		●J･C ペニー傘下「ユニッツ」と FC 契約（1991 年 2 月原宿店オープン）
		●人材派遣の㈱三貴キャリアスタッフスタート
1991	4	●ミキ・サイヤミーズ・ジュエリー・カンパニー・リミテッド設立
		（タイ企業との合弁会社・生産工場）
	12	●ル・シュプール・デイアマン・クチュール・ド・マキが 銀座にオープン
1992	11	●三貴 LF（婦人・子供）商品センター開設（千葉県多古町　約 1 万坪総床面積）
1993	5	●池袋イーストビル（1F ～ 14F）に本部事務所を統一する。
1997	4	●婦人服、子供服から撤退。約 400 店を一挙に閉鎖
2002	10	●事業特別清算し、新三貴が事業を継承

年	月	
2009	1	●民事再生法適用申請（2度目の経営破綻）
2014	7	● 2度目の民事再生法適用申請（3度目の経営破綻）
	9	●木村和巨社長辞任

＊バブル崩壊（1990）から数年をおいた1993年の総売上高2054億円をピークとし、その後の ●阪神淡路大震災（1995）●メインバンク拓銀・幹事証券会社山一の倒産（1997）●準メインバンクの日債銀破綻（1998） ●ITバブルの崩壊（2001）●経産省のクレジット分割払い規制強化（2005）●リーマンショック（2008）を経て、株式会社三貴の業績は下降線をたどり2009年1月に民事再生法適用申請に至ります。

北から南まで全国に拡がった三貴グループの店舗網

職　種 (Type of store)	店舗数 (No of store)	店 舗 名
宝石 (Jewelry stores)	424	銀座ジュエリーマキ、銀座じゅわいよ・くちゅーるマキ、ビジュ イル・エル、ファン ジュエリー エブ、ミス嵯峨野
婦人服、服飾・雑貨 (Ladies' wear stores) (Fashion goods stores)	230	ブティック ジョイ、ザ キャップ、ミスタカオ、イーブルナージュ、パティファイブ、しゃれっと、ミラクルメニュー、ピー・リード
子供服 (Children's wear stores)	116	ファニイ、ファニイ ベビーショップ、ファニイ シューズ＆アクセサリー

1998年度末の店舗数は770店

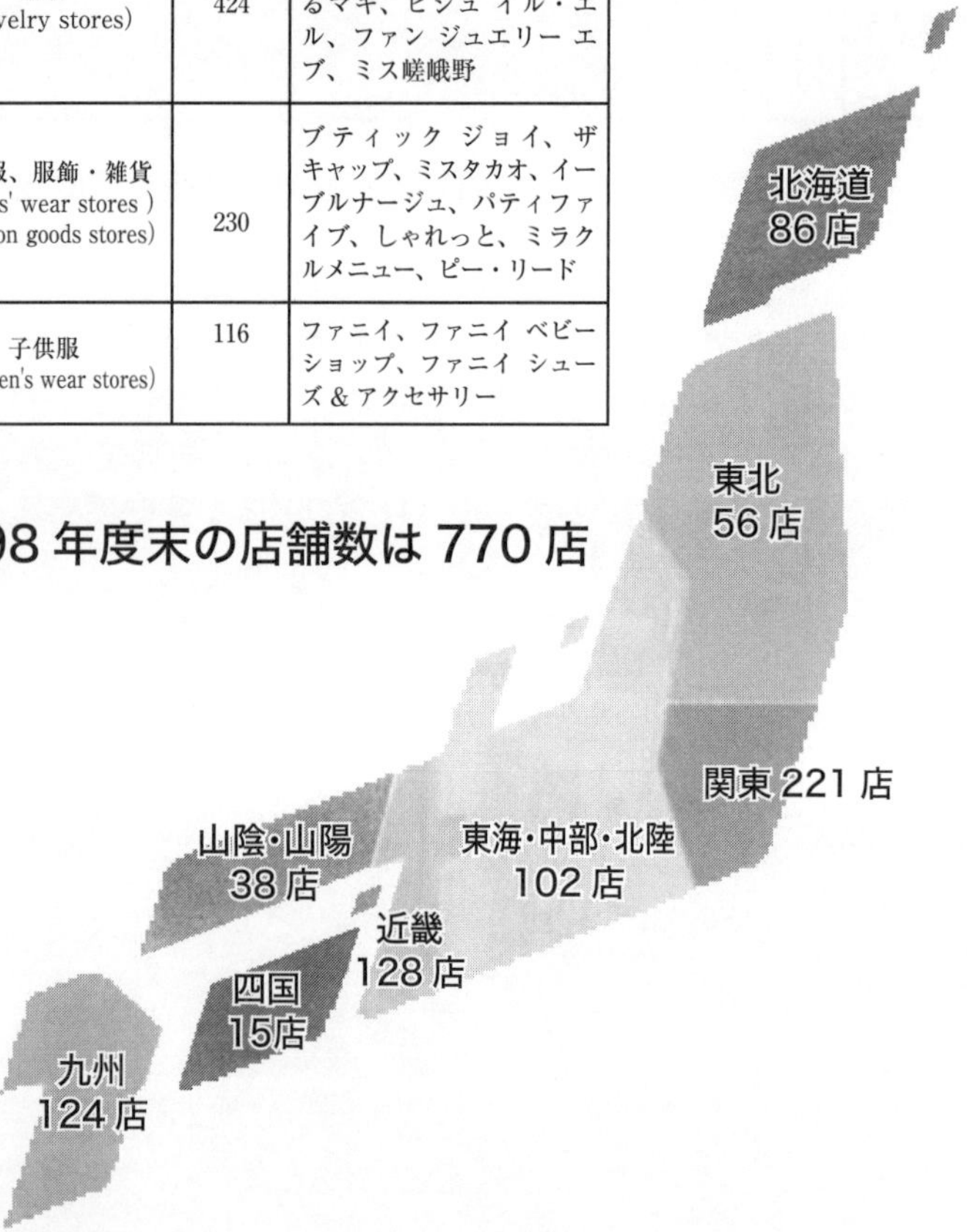

※三貴グループの1993年の総店舗数は**1,439**店でした。

1990年4月度のオープン店舗数は36店

宝石15店　婦人服16店　子供服5店

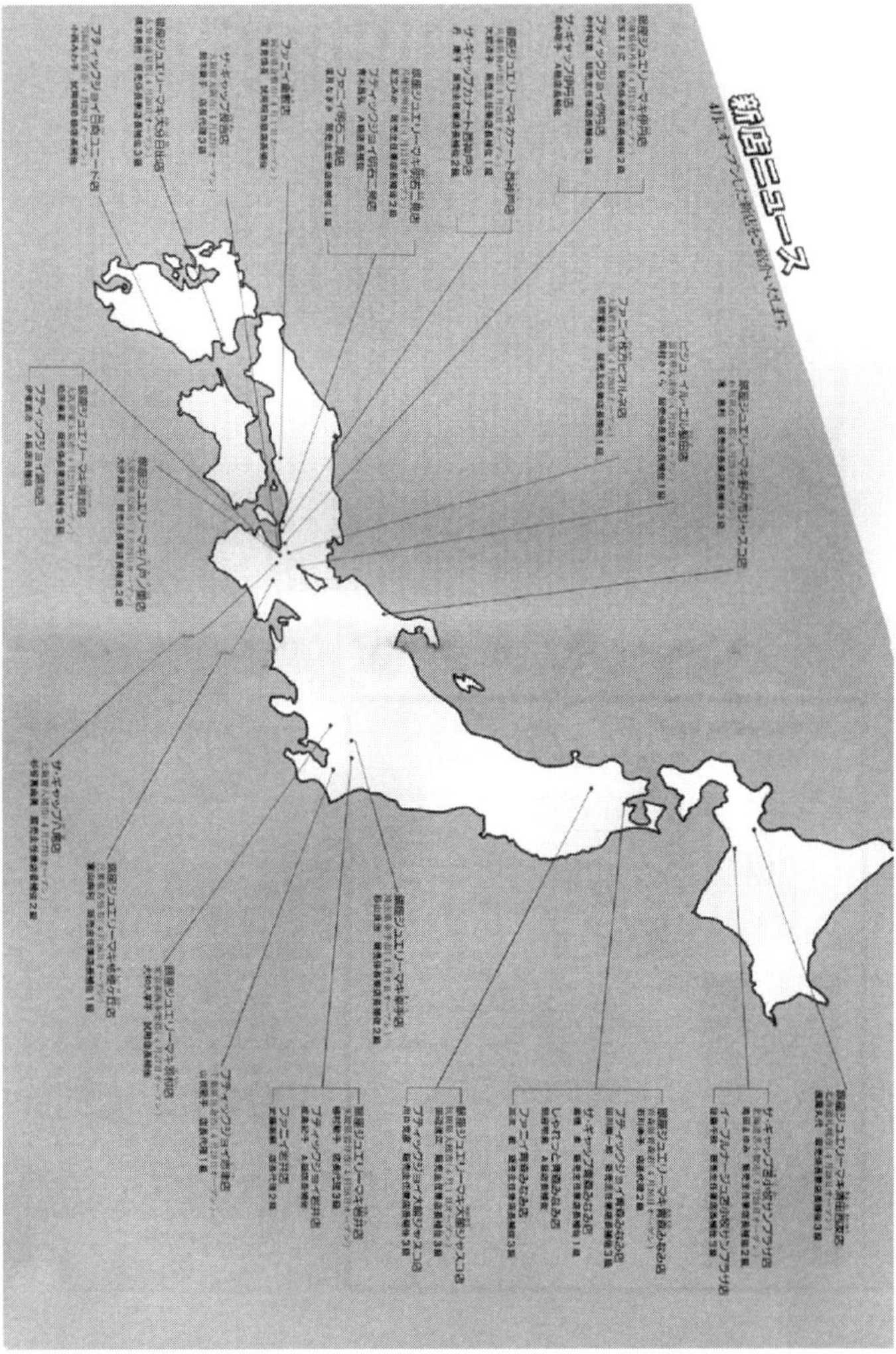

我が社の制度をご存じですか？

「社内報」では全国の店舗・本部社員へ「心配事や不安なく、仕事へ打ち込めるように」と、社員による各種制度の利用案内を発信していました。

- カメリア山荘（長野県白馬）
- 社内販売制度
- ホームヘルパー制度
- 子供援助制度
- 特別休暇制度
- 慶弔制度
- 福利厚生施設
- 職場復帰制度
- 健康保険からの給付制度
- 傷病手当制度
  - 出産に関する給付
  - 死亡に関する給付
- 財形貯蓄制度
- 財形住宅融資制度
- 遺族一時金・遺児年金制度
- 定年制度（希望すれば70歳迄定年延長）
- 自己負担付養老年金制度
- 産前勤務制度・産前休職制度
- 育児休業制度
- 1000点運動（健康管理）

ミキゴールデンクラブ・サファイヤクラブ

（社内報「道標」から抜粋）

'92年度年間優秀社員

HOT NEWS

ミキゴールデンクラブ・ミキサファイアクラブ受賞式開催!!

我社では、お店で働く社員の中で、業績・品格共に優れた方に、ミキサファイヤクラブの会員資格が与えられています。その中でも特に優秀な成果を上げ、人材育成に優れた方は、ミキゴールデンクラブの資格が得られます。

92年度はミキゴールデンクラブに8名、三貴サファイアクラブには19名の方が選ばれ、5月11日に、東京にあるフォーシーズンホテルで授賞式が行われました。

▲社長から表彰状を受けとる栗根 S.Mgr.は、現在連続96ヶ月間目標達成をしています。(5月現在)

三貴で働く私達の模範として、ミキゴールデンクラブの方々は各事業所に一年間顔写真が飾られ、ネームプレートが永久掲示されます。ミキサファイヤクラブの方々のネームプレートは、各事業所で一年間掲示されます。

また、副賞として当社商品（ミキゴールデンクラブは社内販売価格20万円相当、ミキサファイヤクラブは同じく10万円相当）と海外旅行（ミキゴールデンクラブはハワイ、ミキサファイヤクラブは香港）が送られました。

木村社長檄文——方針徹底のために「役員・部長宛」へ自筆文章で訴えられました。

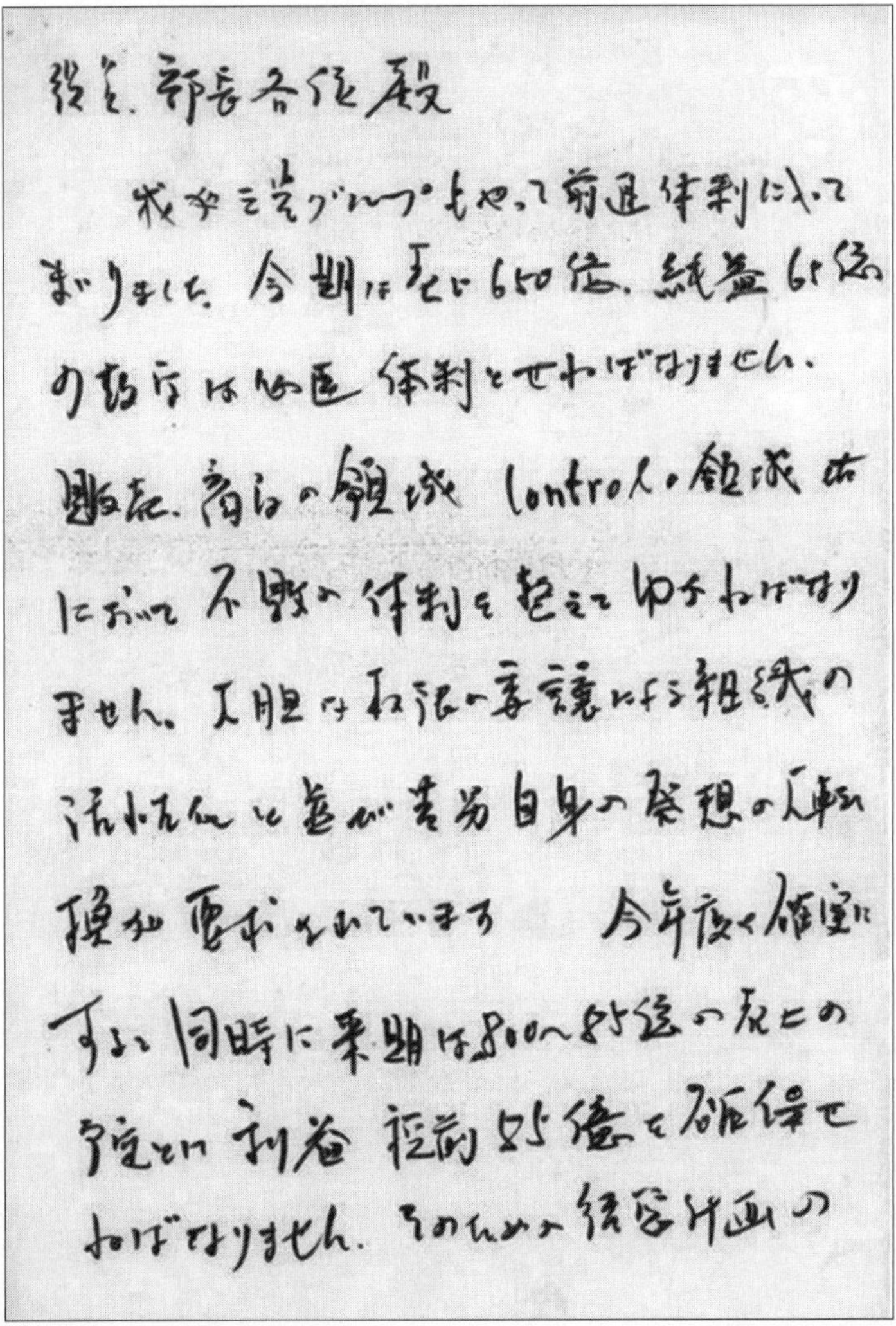

役員・部長各位殿

我が三洋グループも揃って前進体制に入ってまいりました。今期は売上650億、純益65億の態勢は必達体制とせねばなりません。

販売、商品の領域 Controlの領域において不敗の体制を整えてゆかねばなりません。人脈は私達の審議による組織の活性化と益々若手自身の発想の転換が要求されています　今年度を確実にすると同時に来期は800〜850億の売上の予定とし利益 税前85億を確保せねばなりません。そのための経営計画の

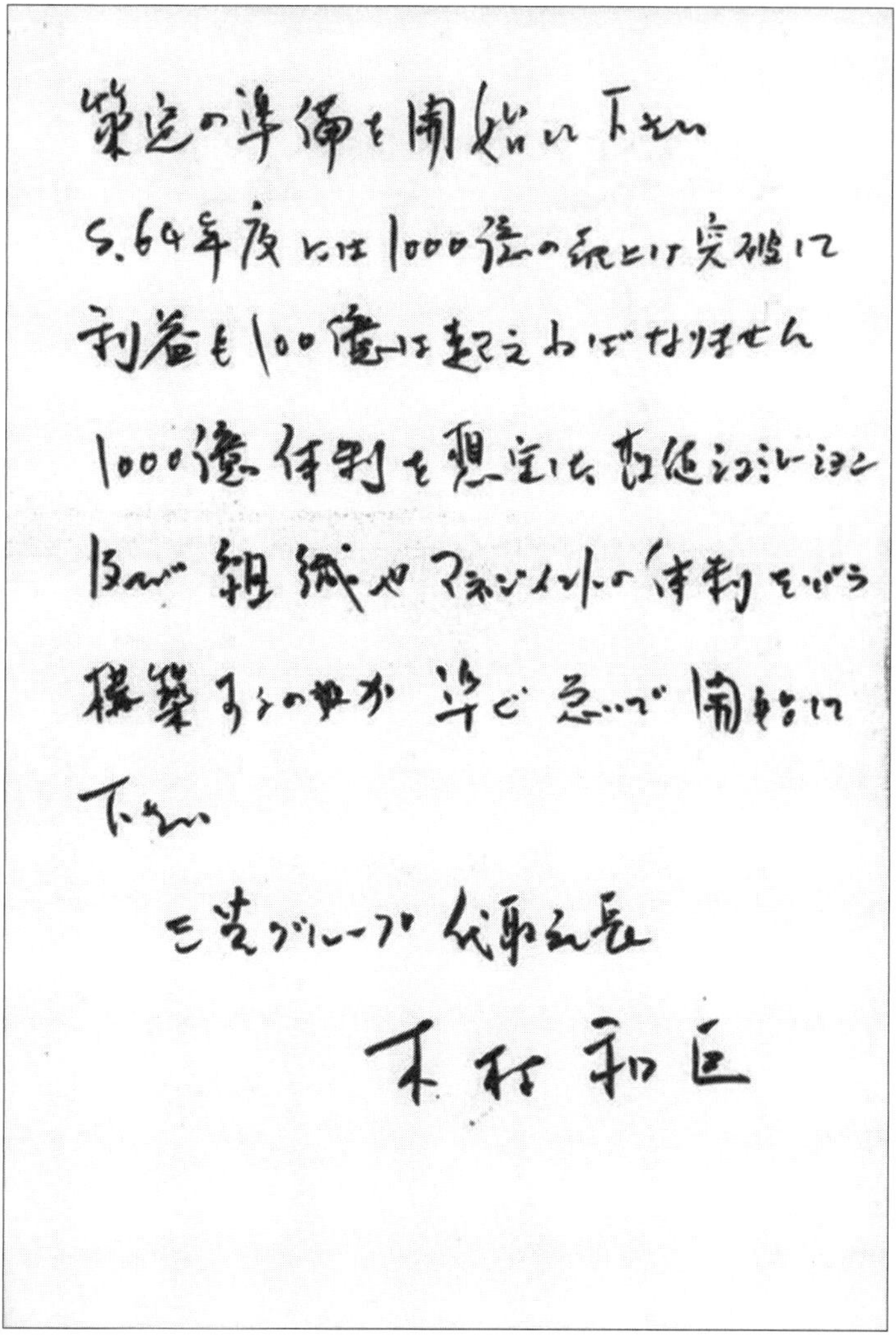

策定の準備を開始して下さい
S.64年度には1000億の売上げ突破して
利益も100億は超えねばなりません
1000億体制を想定した数値シミュレーションと
並べ組織やマネジメントの体制をどう
構築するのか早く急いで開始して
下さい

三貴グループ代表会長

木村和臣

ＬＦ商品配送センターが千葉県に完成

千葉県多古町に建設された三貴ＬＦ商品センターの竣工式が、一九九二年十一月十日に地元の方々や工事関係、金融機関の方々百名以上をお招きして盛大に行われました。

　この新しい商品センターは、大宮商品センターの六倍の広さを持ち、商品の仕分けだけでなく、生産から販売までを把握できる情報機能を持つ、まさに日本一の流通用商品センターです。

三貴 LF 商品センター竣工式でテープカットをなさる木村社長

　当日の式典には、木村社長も出席され、新しいＬＦ商品センター完成にご支援、ご協力下さった皆様に厚くお礼を述べられました。

　と同時に、この三貴ＬＦ商品センター完成により、世界最大、最高の流通の仕組み完成への道が開かれたことについてもお話になられました。

旗艦店が銀座にオープン

ロゴマークの入った香水

株式会社三貴は、帝国ホテルで記者会見を行い、一九九一年十二月十二日、東京・銀座五丁目にオープンする最高級ダイヤモンドギャラリー「ル・シュプール・ディアマン・クチュール・ド・マキ」について発表した。記者会見には、(株)ル・シュプール・ディアマン・クチュール・ド・マキの河野善四郎社長のほか、三貴の渡辺修身常務、木代哲朗小売事業部長、長谷部広報室長らが出席した。

総売上高二千五百二十三億円を誇る宝石・婦人服・子供服の三貴グループは、宝飾品の分野ではバーチカルにビジネスを手掛けている世界一の企業グループだが、河野社長は「トップ企業として世界一のダイヤモンド・プレステージストアを作り、五年、十年、二十年と長い時間をかけて内外のお客さまに最高の商品、最高の雰囲気、最高のサービスを提供していく」と述べている。

この高級ダイヤモンドギャラリーは、日本独自の新しい宝飾文化を創造し提案する店として、また三貴グループ全千二百四十七店舗の旗艦店として位置づけられている。同店ではオリジナル商品を通じて、ダイヤモンド宝飾品の生活提案や情報を発信していく。

店名はシュプール（最高の）デイアマン（ダイヤモンド）、クチュール（仕立て屋さん）の意味で、宝飾品点数は二千点、商品総額二百億円以上、中心小売価格は三百万円～五百万円、最高価格はセット商品で三十億円、最低価格は百万円（ブライダル・スーベニア商品を除く）で、高品質ダイヤモンドを使用する。また、カラーダイヤモンドを幅広く取り

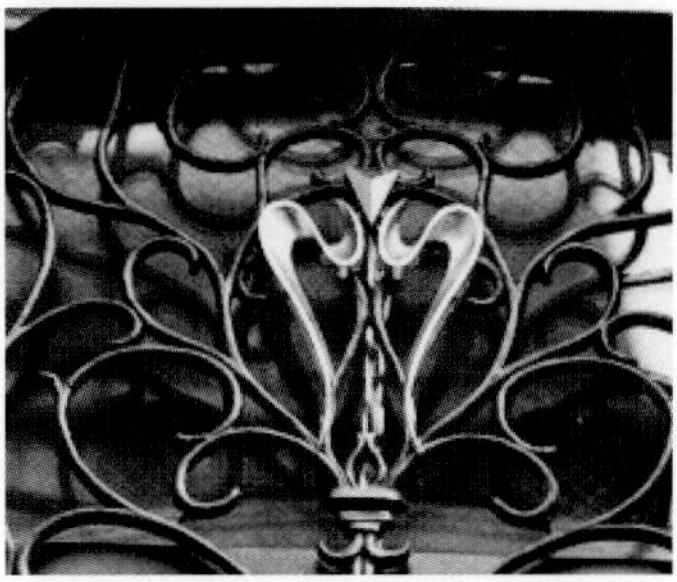

そろえ、使用する地金は最高級のプラチナ960が主力となる。(残りの四%は24金)ほとんどの商品は手づくりで、着用性を重視した作り、デザインとなっている。デザインはアカデミー会員の髙橋まき子さんはじめ、三貴の数十名のデザイナーたちが作品を創作する。

ロゴマークやパッケージ、包装紙などは著名なCIデザイナー、ダクラス・ドリトル氏のデザインによるもの。プレステージ性を象徴するクラウンの頂きに燦然と輝くダイヤモンドを想像し、王冠のソフトな感じとダイヤモンドの鋭角とを対比している。

同店の建物は地上四階、地下二階建て。敷地面積は百二十平方メートル、売場面積は三百三十平方メートル。店舗の外観は、フランスのアールヌーボー風のトラディショナルな雰囲気と、コンピュータグラフィックを駆使した美しい曲線を融合させた日本的な新しい様式美の建物。スペイン産のライムストーンを外壁に使い、正面の門扉などはすべてブロンズで作っている。

店内中央のシャンデリアは、フランスのデリール社のものを輸入し、吹き抜け部分に燦然と輝いている。店内の椅子、机、花瓶などすべてにわたってプレステージストアにふさわしい最高品質の素材を使用している。

中二階では常時ハープのライブ演奏が行われており、このハープはイタリアの最高級品。

（三貴広報室の発表記事から抜粋しました。）

ル・シュプール・ディアマン・ククチュール・ド・マキ

多くの来賓をお招きして、完成披露パーティーと
ジュエリー・ファッションショーが開催されました

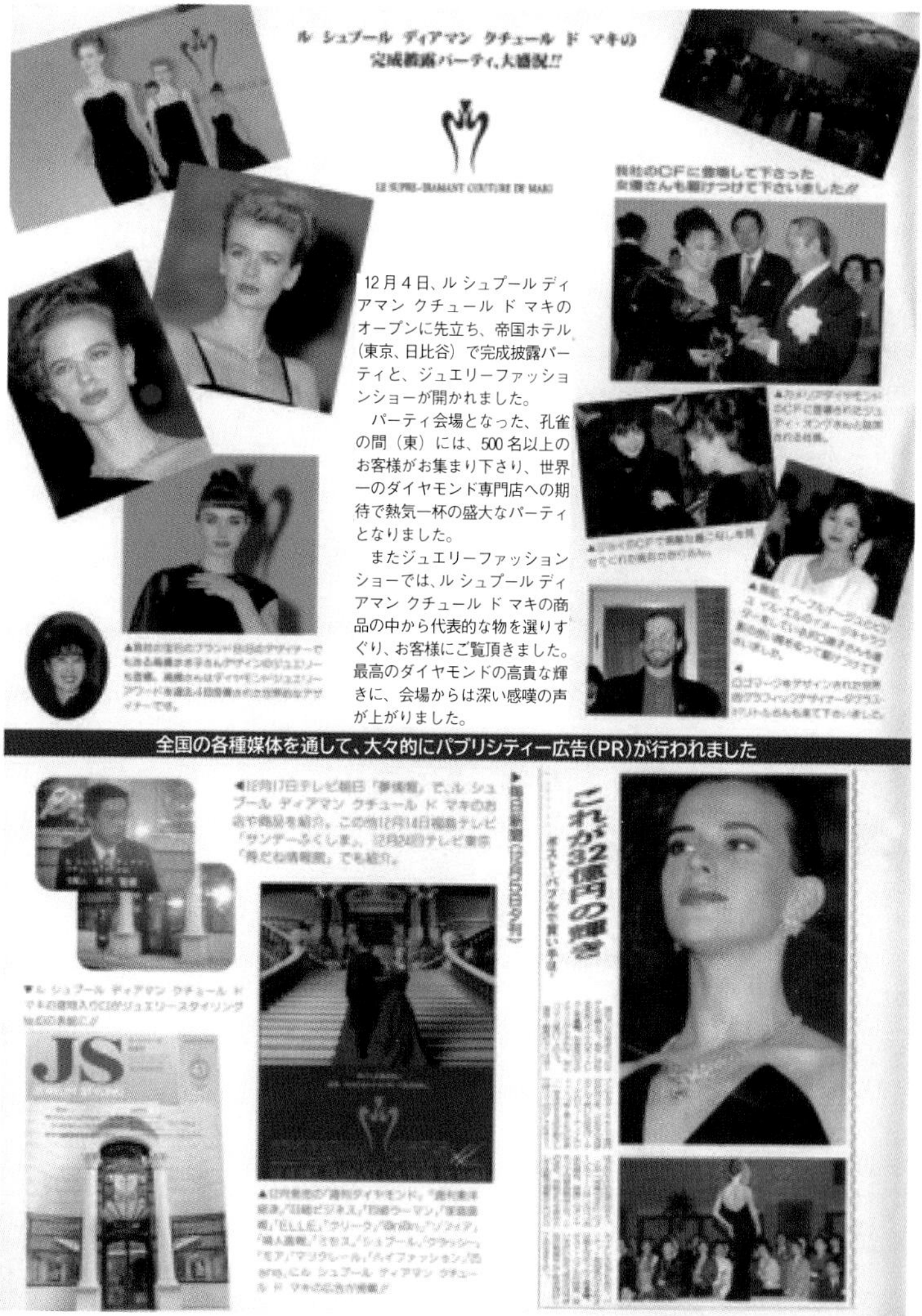

ル シュプール ディアマン クチュール ド マキの
完成披露パーティ大盛況!!

12月4日、ル シュプール ディアマン クチュール ド マキのオープンに先立ち、帝国ホテル（東京、日比谷）で完成披露パーティと、ジュエリーファッションショーが開かれました。

パーティ会場となった、孔雀の間（東）には、500名以上のお客様がお集まり下さり、世界一のダイヤモンド専門店への期待で熱気一杯の盛大なパーティとなりました。

またジュエリーファッションショーでは、ル シュプール ディアマン クチュール ド マキの商品の中から代表的な物を選りすぐり、お客様にご覧頂きました。最高のダイヤモンドの高貴な輝きに、会場からは深い感嘆の声が上がりました。

全国の各種媒体を通して、大々的にパブリシティー広告（PR）が行われました

髙橋まき子　作品

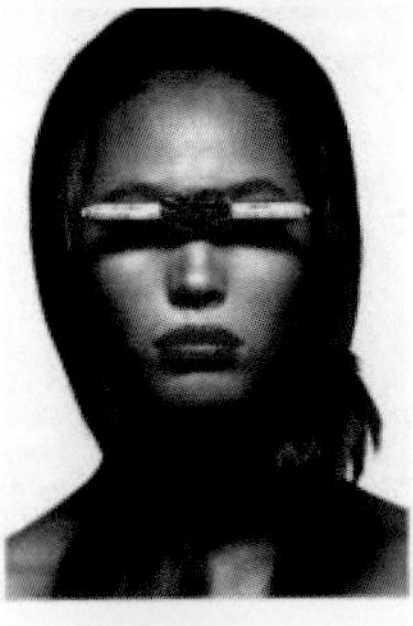

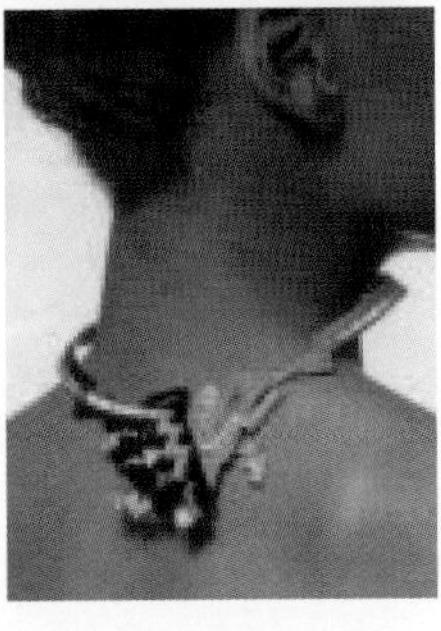

東京生まれ。武蔵野美術短期大学工芸デザイン科卒。1970年～76年、三貴に在籍。過去4回、デ・ビアスダイヤモンドインターナショナル賞を受賞。ダイヤモンド・インターナショナルアカデミー会員となる。
世界的なトップジュエリーデザイナーとして活躍。
ル・シュプール・ディアマン・クチュール・ド・マキに展示された。

米国のファッション専門店チェーン“ユニッツ”とフランチャイズ契約

関西への進出１号店は
新神戸オリエンタルホテル

第一号店は東京、原宿の路面店（米国スタッフとの記念撮影）

ニュースレターフロムミキ

ファン・ジュエリー エフにニュータイプのお店が改装オープン!!

▲ヨーロッパのショッピングセンターにある宝石店をイメージして改装されたエフ池袋コスモピア店。今までの2〜3倍も商品が並べられる新ケースが並ぶカジュアル&エレガンスなお店です。

▲ヨーロッパの地下街をイメージして華やかなムードに改装されたエフアルパ店。新ケースは今までの2〜3倍の陳列量があります。お客様も豊富な商品から選ぶことができて便利になりました。

units 開店に向けて着々と準備進む

J．Cペニー社が親会社のユニッツは、アメリカを中心にイギリス、カナダ、メキシコ等にも進出しているファッション専門店です。

4月20日に我社とフランチャイズ契約を結び、我社では今オープンに向けて準備が進められています。

お客様のライフスタイル、T.P.O.に合わせてコーディネートが楽しめる豊富なデザインの展開が、待ち遠しいですね。

東京ウォーズ

ユニッツを全国展開

せめぎあう外資

なんと愛らしい!!

"ラブティ"にプレゼント用の

シェル型ケースと写真立てができました!!

赤ちゃん用宝飾品 新ブランドで充実

大人の利用も期待

ベビーサイズのジュエリー "ラブティ" は、子供の成長を願う温かい親心を形にした、我社が"元祖"の商品です。

5月から新たにデザインが加わった他、星座シリーズやペンドップシリーズも生まれて、更に充実した "ラブティ" は、赤ちゃんの誕生記念だけではなく、大人同士のバースディプレゼントとしても人気が集まっています。

我社の広告掲載誌紹介

我社ではブランドの広告の他に、経済誌に企業広告を掲載。また朝日、読売、日経の三新聞紙上にも月1回、企業広告が掲載されています。三貴グループの社員としての自覚を持って各誌に目を通しておきましょう。

ひとつの時代を画した深夜のテレビCF

銀座じょわいよくちゅ〜るマキ、銀座ジュエリーマキ

年	CFキャラクター	CFソング	
		歌手	楽曲
1979	ジュディ・オング	＊	＊
1980	スーザン・アントン	＊	＊
1981	スーザン・アントン ファラ・フォーセット	スーザン・アントン	フォクシー
		宇崎竜童	炎の女
1982	ファラ・フォーセット	＊	＊
1983	ファラ・フォーセット	マリーン	ザンジバル・ナイト
		加藤有紀	謎はと・か・な・い・で
1984	二宮さよ子 ラウア・リサ 池上季実子	CHELLY	Another Girl
		高橋真梨子	桃色吐息
		葛城ユキ	哀愁夜
1985	池上季実子 岩崎宏美 クラウディア・ウディ	岩崎宏美	夢狩人
		岩崎宏美	決心
		岩崎宏美	慕情
		いしだあゆみ	羽衣天女
1986	秋吉久美子	五輪真弓	空
		五輪真弓	時の流れに〜鳥になれ〜
		五輪真弓	泣かないで

年	CF キャラクター	CF ソング	
		歌　手	楽　曲
1987	リー・トンプソン ダイアン・レイン	アン・ルイス	天使よ故郷を見よ
		アン・ルイス	FOUR SEASONS
		鈴木聖美 with Rats&Star	ロンリー・チャップリン
		椎名恵	たぶん彼女も水の星座
1988	ダイアン・レイン	サーカス	WOMAN IN LOVE
		朝倉未稀	Dance with love
		矢沢永吉	共犯者
		矢沢永吉	ニューグランドホテル
		矢沢永吉	くちづけが止まらない
1989	ダイアン・レイン モニカ・ベルッチ	サーカス	FASCINATION
		TUBE	Remember Me
		岩崎良美	硝子のカーニバル
		鈴木雅之	別れの街
1990	リンダ・エヴァンジェリスタ	亜蘭知子	Everything
		森山良子	NAVIGATION
		B′z	太陽の Komachi Angle
		B′z	Easy Come,Easy Go!
		KATSUMI	危険な女神

年	CF キャラクター	CF ソング	
		歌　手	楽　曲
1991	リンダ・エヴァンジェリスタ	小比類巻かおる	MOVING ACTION
		TMN	We love the EARTH
		TMN	Love Train
		TMN	大地の物語
		久保田利伸	Honey B
		久保田利伸	雨音
1992	リンダ・エヴァンジェリスタ シャロン・ストーン	中西圭三	Woman
		荻野目洋子	STEAL YOUR LOVE
		杏子	DISTANCIA ～この胸の約束
1993	リンダ・エヴァンジェリスタ フレデリーク	中西圭三	You And I
		REV	甘い Kiss Kiss
		渡部美里	BIG WAVE やってきた
		久宝瑠璃子	男
		松田樹利亜	だまってないで
1994	フレデリーク 沢口靖子 ポーリーナ・ポリッィコバ	タイロン橋本	Where do you go?
		タイロン橋本	Sailing in the Ocean
		タイロン橋本	Mysterious eyes
		サンディ・ラム	どうしてよ
		松阪晶子	燃える瞳を持ち続けて
		氷室京介	VIRGIN BEAT
		田村直美	永遠の一秒
		森下玲可	傷つけて Precious Love

年	CF キャラクター	CF ソング	
		歌　手	楽　曲
1995	ポーリーナ・ポリッィコバ	田村直美	Us~空と大地の間で〜
		trf	masquerade
		ZIGGY	Jerlousy 〜 ジェラシー〜
		ジュディ・オング	言葉（ロゴス）
		GLAY	Yes,Summerdays
		BEREEVE	本気でも嘘でもいい
1996	ポーリーナ・ポリッィコバ	岩坂士京	この空に Kiss したい
		ICE	GET DOWN ,GET DOWN ,GET DOWN
		WILD STYLE	誰よりも君だけに
		相川七瀬	恋心
		高橋里奈	NEOfilia
1997	ポーリーナ・ポリッィコバ ブルース・ウィルス	石橋貴明、工藤静香	A.S.A.P
		globe	FACES PLACES
		華原朋美	LOVE ALL MUSIC
		hitomi	PRETTY EYES
		安室奈美恵	Dreaming I was dreaming
1998	ポーリーナ・ポリッィコバ ブルース・ウィルス	華原朋美	I WANNA GO
		FEEL	FOUR SEASONS
1999	*	*	*
2000	*	*	*

年	CF キャラクター	CF ソング	
		歌　手	楽　曲
2001	＊	＊	＊
2002	＊	＊	＊
2003	桃井かおり	＊	＊
2004	桃井かおり	＊	＊
2005	桃井かおり 秋本奈緒美	Candy	Bye & Thanks
		浜崎あゆみ	fairyland
2006	秋本奈緒美 米倉涼子	SOULHEAD	Got To Leave
		加藤ミリヤ	Caught Up
		m-flo・MINMI	Lotta Love
		SHALE APPLE	空フル〜虹を架けろ〜
		mihimaru GT	So Merry Chrisutomas TAKE06
2007	秋本奈緒美 白田久子	布袋寅泰 土屋アンナ	QUEEN OF THE ROCK
		JYONGRI	〜約束〜
2008	白田久子	柳田久美子	愛の正体
2011	ASSIYA	serial TV drama	英雄
		cali ≠ gari	暗中浪漫
2012	ASSIYA	cali	有視界 Revue
		SHINee	Dazzling Girl
2013	ASSIYA REIKA	Alice Nine	Daybreak
		フルカワユタカ	give me your love

ブティックジョイ・子供服のファニィ

年	CFキャラクター	CFソング	
		歌　手	楽　曲
1983	*	村松邦男	僕のガールズ
1984		井上大輔	Stay-去り行く夏
1985	*	国安修二	ねぇ
		柳ジョージ	コインランドリー ブルース
1986	*	山本達彦	密室のタンゴ
		りりぃ	風のバレリーナ
1987	*	山本達彦	プレッシャー
		小柳ルミ子	背中っでちょっとI Love You
		あらい舞	Cherry Cherry Rabbit（ファニィ）
1988	*	小林明子	愛と安らぎのなかで
		池田聡	月の船
		LOOK	冬のステーション
1989	*	新井正人	Lonely Girl
		ベリンダ・カーライル	この胸の想い
		沢田研二	堕天使の羽音

年	CF キャラクター	CF ソング	
		歌　手	楽　曲
1990	シンディ・クロフォード	門松敏生	I must change my life & love for me
		吉田栄作	プラトニック～あと1センチ傘が寄ったら
		稲垣潤一	メリークリスマスが言えない
1991	シンディ・クロフォード	高橋幸宏	愛は強い storong than iron
		Darlin	LADY
		吉川晃司	Virgin Moon
		林田健司	SHERRY
		徳永英明	Revolution
		渡部真知子	メソポタミア・ダンス
	*	ラチエン・ボーイ・クラブ	この星の上で（ファニィ）
1992	シンディ・クロフォード クラウディア・シーファー	浜田麻里	Tele-Control
		ORIGINAL LOVE	ビィーナス
		布袋寅奏	Lonely Girl ★ WILD
		山下久美子	真夜中のルーレット
	*	有近真澄	KISS,KISS,KISS（ファニィ）

年	CF キャラクター	CF ソング	
		歌　手	楽　曲
1993	*	氷室京介	KISS ME
		WANDS	愛を語るより口づけをかわそう
		WANDS	恋せよ乙女
		TMN	一途な恋
1994	クラウディア・シーファー	稲垣潤一	キスなら後にして
		鈴木雅之	違う、そうじゃない
		藤井フミヤ	女神（エロス）
		ZARD	こんなにそばに居るのに
		中森明菜	月華
		B`z	MOTEL
	*	エレーヌ・ロレ	JE m'appelle Helene（ファニィ）
		YOU	二回目のキス（ファニィ）
1995	クラウディア・シーファー	布袋寅泰	POISON
		TOSHI	Asphalt Jungle
	*	MANISH	眩しいくらいに…（ファニィ）
		鈴里真帆	Fallin`Love Again（ファニィ）

時代をリードしたお店の数々

店舗業態は20を超えて様々に展開されました

三貴は一流のデザイナーと提携し、彼らのデザインした服を日本で供給することで、安い価格で世界的なデザイナーの服を身に着ける夢を実現しました。

子供の健やかな成長は、親の祈りに支えられています。
そんな気持ちを大切にして、ファニイの服は作られました。

PETIT TAKAO JEANING

bigoudi

PETIT TAKAO

Olivier Montagut PARIS

ファニイ

ファニイ ベビーショップ

ファニイ シューズ&アクセサリー

心地よい楽しさを明日の仕事へ

歌とリズムとファッションの祭典

ファッション産業にかかわる者は、今のトレンドに敏感であらねばならないとの木村社長の趣旨のもとに、毎年5月初旬に行われるようになった「歌とリズムとファッションの祭典」全国から代表が集まりました。

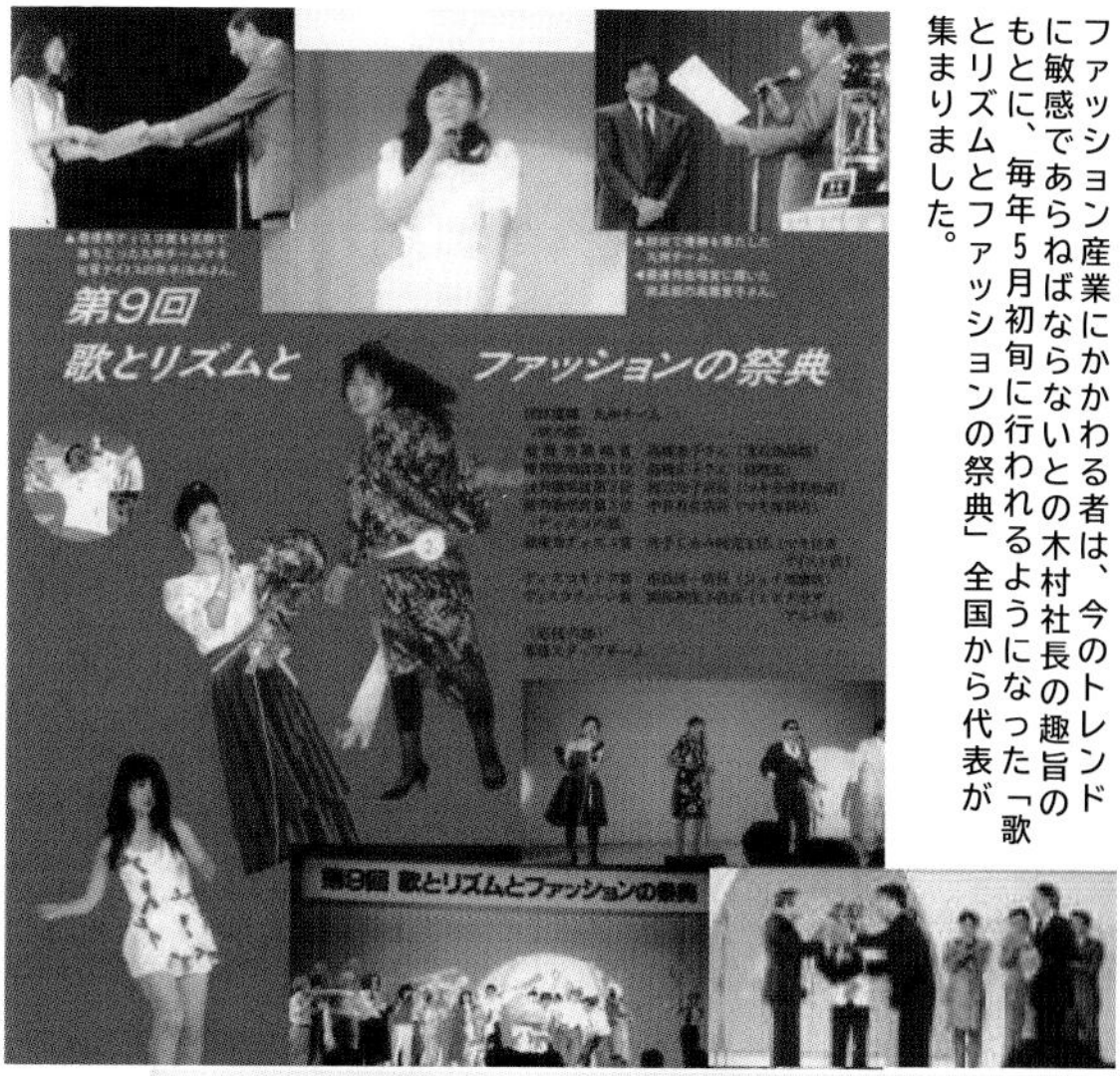

毎年、社長からの総評があったあと、全員が肩を組み、恒例の「若者たち」を合唱しました。

三貴 '90夏のコレクションを発表

プロのモデルによるわが社のブランドのファッションショーも行われ、
歌とリズムとファッションの祭典の会場を盛り上げました

'90 Summer Collection by MIKI
（第11回歌とリズムとファッションの祭典より）
知・遊・美

オリビエ・モンタギュ

エマニュエル・カーン

エマニュエル・カーン

グレードアップされた商品の数々。その年のトレンド素材やカラーを上手に使ったコーディネートは知・遊・美を感じます。

オリビエ・モンタギュ

グランレージュ

ミス・タカオ

「私が死んだら社葬にしてくれ」「社葬の代わりにこの本を捧げます」

故北村会長社葬

雨の中を千八百人がご参列

平成元年一月二十三日、故北村会長の社葬が、東京の青山葬儀所でしめやかに行われました。当日は、朝から雨が降りしきり、雲が重く垂れこめて、凍てつくような寒さでした。そんな悪天候にもかかわらず、約千八百人の方々が、青山葬儀所に飾られた故会長のご遺骨とご遺影に別れを告げ、ご焼香をして下さいました。

長年、重い心臓病という苦境におありになりながら、木村社長を支えられ、三貴を一千億企業にまで育てあげられた故会長の葬儀にふさわしく、各界の著名な方々をはじめ、故会長と生前交友のあった多くの方々が参列して下さいました。

一千億突破と共に他界された　最大の功労者

一千億円突破ということを、何よりの念願とされ、奮闘なさる木村社長を支えてらした故会長は、三貴が歴年で一千億を突破した12月29日、奇しくも危篤状態になられ、昭和64年1月2日に他界されました。我社の一千億達成の上で最大の功労者として世を去られたのでした。

竹下総理大臣からも弔辞

葬儀委員長の木村社長のお読みになった弔辞が、故会長を失った至純なまでの哀切の情を伴って、場内の涙をさそった後、竹下総理大臣、北海道拓殖銀行鈴木頭取、故会長の書道の師でいらっしゃる小林光葉先生の、心あふれる弔辞が読まれました。

不治の病を背負われた境涯の苦しさを見事に拭い去られて、日々、生命を輝かせるように三貴の為にお心を尽くされた北村会長を、私共がいつまでも心に留めて更に邁《まい》進できるよう、ここに道標・社葬特集を編集致しました。

竹下総理の弔辞を代読なさる参議議員議員
青木幹雄様

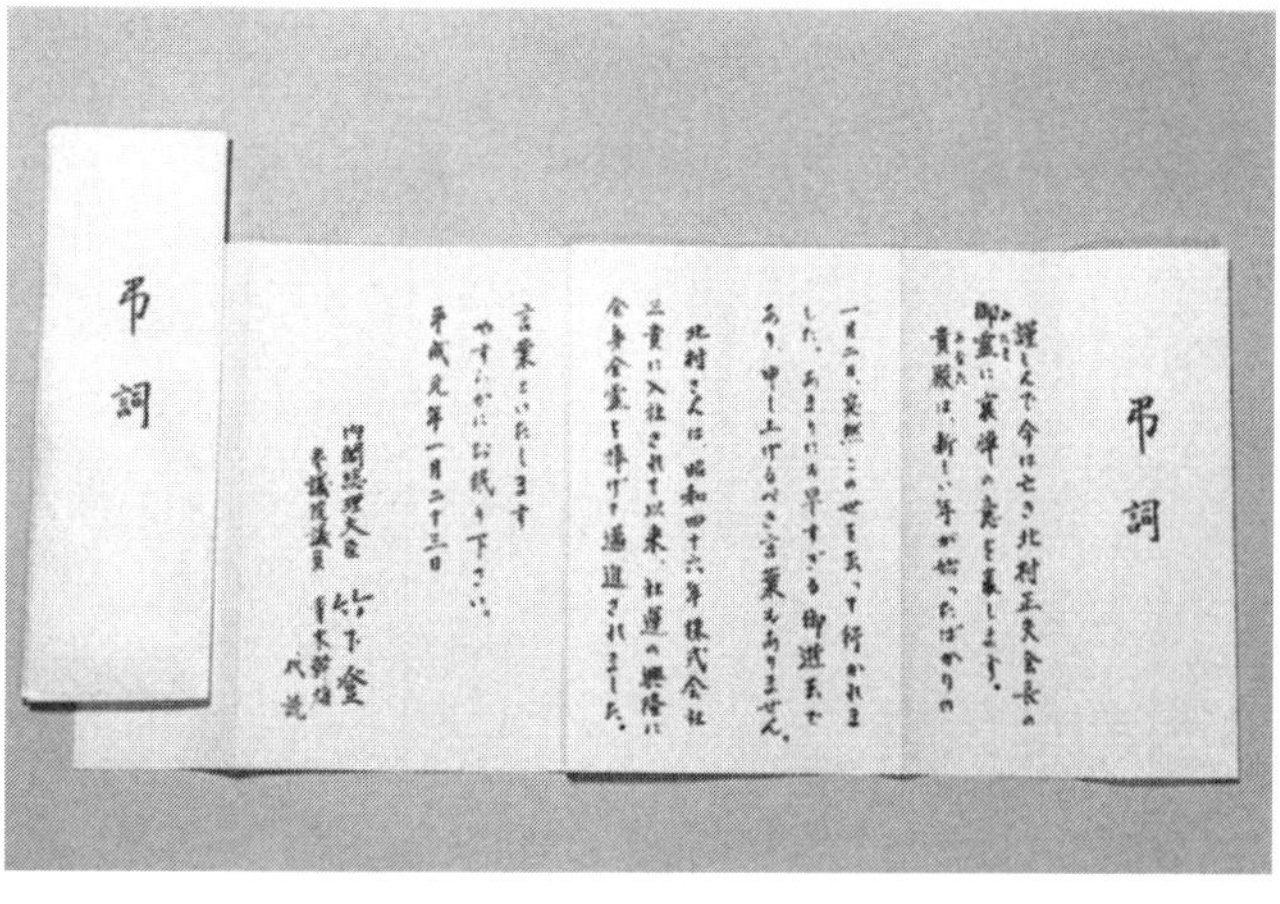

弔詞

弔詞
謹んで今は亡き北村正夫会長の
御霊《みたま》に哀悼の意を表します。
貴殿《あなた》は、新しい年が始ったばかりの
一月二日、突然この世を去って行かれま
した。あまりにも早すぎる御逝去で
あり、申し上げるべき言葉もありません。
北村さんは、昭和四十六年株式会社
三貴に入社されて以来、社運の興隆に
全身全霊を捧げて邁進されました。
言葉といたします
やすらかにお眠り下さい。
平成元年一月二十三日
内閣総理大臣 竹下登
参議院議員 青木幹雄
代読

告別式には、桃井かおりさんの姿もありました。

会長を偲んで小渕官房長官もご焼香して下さいました。

あとがき

法政大学名誉教授　川成　洋

実に不思議な本である。

本書は、株式会社三貴（一九六五～二〇一四）に勤務していた人たちの会社での体験談をまとめたものである。

日本の場合、特殊な例を除いて、会社の寿命は人間の平均的な生命よりはるかに短いのが通例である。三貴の場合も同様である。従って、三貴の社員の中には、人生半ばで、勤務していた会社が倒産し解散するという予想外の苦い体験を嘗めさせられた人もいただろう。それから九年余りたって、このような前向きな本が上梓されたのである。

ところで、まず私から若干秘密めいた話を切り出すことになるが、もとより私はこの本のテーマとなっている三貴とは全くの門外漢であり、事実、この社名をどう呼ばれているのかも分からず、またどのような業務内容の会社なのかそれすら全く知悉していなかった。たまたま、アジア・ユーラシア総合研究所の河野善四郎さんから三貴の回想録を出版するという話を聞かされ、かつての三貴の仲間六人と編集して何とか出版に漕ぎつきたいというのである。しかも、当然であるが、七人全員、編集や出版の経験が全くなしという大胆な素人集団であった。その編集会議に出席した途端、運の尽きとでも言うべきか、なんとはなしに編集と出版に関わることになった。「七人の兵（つわもの）」（と私は勝手に呼んでいた）たちと何回か会っているうちに、彼らの三貴や創設者に抱いている思い入れが尋常でないことが次第に分かった。通常、生涯の中で希望と光を抱き最も溌溂として輝いている時期の真っ只中で紆余屈折にも邂逅しながらも会社勤めをしていたはずが、突如断絶させられてしまい、にも拘らず自分の人生を何とか立て直してしまう。こうした体験こそ、後世に残しすべきであると確信したのだった。「会社文化」といったタームはいまだ存在していないが、そういう人たちの記録が皆無に等しい。確かに前代未聞ということは、残念なことだが、日本の無数の会社の企業環境がほぼ同じということになる。理不尽なパワハラの横行、仲間はずれが恐怖となる同調圧力、我慢と自己犠牲を強いる体制、自己肯定感の圧殺、これではいくら「こころの健康相談統一ダイヤル」が大車輪で活動しても現実に発生する不幸な事件を防止できないであろう。

本書のサブタイトルに『創業者　木村和巨と三貴学校』とある。くどいようだが、自分の人生の半ばで、解散せざるを得なかった会社に「三貴学校」というネーミングが誰とはなしに自然発生的に付けられたようである。

このネーミング誕生の秘密は、どうも次のような挿話が起因しているのではあるまいか。

「七人の兵」の一人が私に打ち明けてくれたのだが、会社倒産し就活の最中に、「三貴に勤めたことがある」と申告すれば、大抵の企業は採用してくれたそうである。そうしたことは彼個人だけの体験ではない。他の人たちも三貴退職後、他の業種の会社に転職し、あるいは起業してそれなりの成果を上げているようである。

本書によれば、それは入社して社会人としての礎を築く期間、さらに社内で着実に責任のある立場に昇進していく期間などにおいて、社長、上司、同僚などとの人間関係が羨ましいほど円満かつ充実していたのだった。そういう期間、社員個人の立ち位置、人間関係などが一点に統合されると、言わずもがな、「三貴学校」ということになるはずである。

管見であるが、私も北海道大学探検部員だったので敢えて言わせてもらいたい、社長の木村氏が早稲田大学ワンダーフォーゲル部員だったことと関係があると思うが、通常、登山には観客も競争相手もいない、ルールもない。またいつ天候が急変するか予想すらつかないまままただひたすら登り続ける実に孤独な行動である。従って、登山する人は自分の登山記録を残さなければ、その登山の事実が存在したことにならない。だから、登山する人は必ず自分の記録を残すのである。従って、山の記録こそ、自分にも他人にも命なのである。このことは、三貴が企業メセナとして取り組んだ途方もない大事業と無縁であるまい。本書の「画期的企業メセナとしてのタルムード翻訳出版」（東京大学名誉教授市川裕）で具体的に詳述されているが、それは「聖典の民」ユダヤ民族の聖典『タルムード』（ヘブライ語で「学習」の意味）の日本語の翻訳・出版し、研究機関、公共図書館、さらに研究者に無償で配布したのだった。「日本人なら論語に当たる人生の指針となる書がタルムードなのだ、ということを会得された時、木村氏のメセナへの発想が生まれたのだと思う。メセナの会議で木村氏がそのことを実に楽しそうに話されるのを私は今も思い出す。仕事では大変厳しい方とうかがっていたが、会議はいつも嬉しそうだった」と市川教授は述懐している。

私は、本稿を締め括るにあたって、いつもながらの長年の大学教師の悪癖であることは間違いないが、一言申しあげたい。やはり日本人は自分の過去の記録を残さない民族である。それは民族の過去を蔑ろにすることにもなり、未来への展望もおぼつかない。

繰り返しになるが、本書の刊行を一つのきっかけとして、自分の過去、そして日本の過去をしっかり吟味したいものである。そうすれば、われわれの未来をいささか見通せるかもしれないからである。

編集後記

「三貴同窓会」の名前で株式会社三貴に在籍したＯＢ・ＯＧの方々が初めて会合を持ったのが、二〇一六年一月二十三日の銀座での同窓会でした。その時の案内文には、「株式会社三貴での在籍期間の長さ、地域、職位にかかわらず、三貴に縁のあったすべての人を対象にして、皆が集まることが出来る「新たなこころの故郷を作りたい」と書かれています。

このたびの出版の掛け声は河野善四郎さんからでした。同窓会のメンバーの想いを集めて本にすれば、三貴同窓会における「新たなこころの故郷の記念碑」になるとのご提案でした。

二〇二二年十一月に御徒町にある小さな貸会議室に集まりどのような本にするかの打ち合わせがスタート。三貴同窓会事務局でも話題にして、正式に同窓会メンバーに案内文を発送したのが二〇二三年の二月十八日です。ほぼ一年のスピード出版です。

出版のスタートは、なかなか手応えがなかったものの、徐々に拡がりながら、当初の目標を超えて、五十名以上の三貴の社内、社外そして海外からの寄稿を頂きました。お取引先からは「株式会社三貴は、絶対に纏めて本で残すべきです」とのお声も頂きました。

このような短期間で出版まで漕ぎつけたのは、やはり出版の趣旨に賛同して下さり、原稿を出してくださった方、また忙しく原稿は無理だが賛同し協賛金を提供くださったOB・OGの仲間の力であり、当時の三貴の絆の強さを強く感じました。

本書の標題の「夢――それが三貴の原動力だった」は、新入社員向けの会社案内のなかにあったサブタイトルですが、編集部で検討しそのまま持ってきました。当時の三貴を取材した、時代・社会に敏感なコピーライターの言葉、見事に三貴を捉えたフレーズだと思います。

三貴の社是のもとに、役員、社員の全員がそれぞれの「夢」を持つこと、感ずることが出来たからこそ、多くの「苦しさ」「辛さ」「怒り」「悔しさ」……を乗り越えて、前を向けた原動力が、それぞれが描いた「夢」だった。短期間の在籍であった社員でも、強烈な想いを三貴に対していだく理由が、この編集を通して確認できたように思います。

サブタイトルの「木村和巨と三貴学校」は、まさに毎週開かれる数々の会議、社内・社外研修会、アメリカ・欧州研修ツアー、読書後レポート提出と目白押し。木村社長が先頭に立って新しい知識の吸収と社員教育に自ら多くの時間を割いた。様々なプロジェクトも多くあった。それぞれが、新たな知識の吸収であり、経験というまさに、厳しくもあり、鍛えられた「三貴学校」であった。

寄せられるひとつひとつの原稿を拝見しながら、あの若かりし時代にタイムスリップした気持ちになりました。まさに、この本で「こころの故郷の記念碑」がひとつできたと、編集出版委員会一同、三貴同窓会及び広くOB・OG、関係したお取引先の業者の方々に感謝の気持ちで一杯です。

最後に、本書の出版にあたり、ご多忙中にもかかわらず、出版編集委員会にご出席頂き、多くのご指導を頂いた、一般財団法人アジア・ユーラシア総合研究所の評議員であり法政大学名誉教授・スペイン現代史学会会長・書評家・武道家の川成（かわなり）洋先生、及び、印刷・製本に係る煩雑な業務を引き受けて頂いた株式会社厚徳社の中條英明部長には、この場をかりて、深くお礼を申し上げます。有難うございました。

三貴同窓会出版編集委員会一同

令和五年（二〇二三年）十一月十五日

三貴同窓会出版編集委員会（五十音順）
江部啓嗣・大輪田和夫・河野善四郎・木代哲朗・
西村昭一・古川安彦・牧野有美

【三貴同窓会出版編集委員会】（五十音順）

江部　啓嗣
大輪田和夫
河野善四郎
木代哲朗
西村昭一
古川安彦
牧野有美

夢・それが三貴の原動力だった
——創業者　木村和巨と三貴学校

2023年12月8日　初版第1刷発行

編　集　三貴同窓会出版編集委員会
発行者　谷口　誠
発行所　一般財団法人 アジア・ユーラシア総合研究所
〒151-0051　東京都渋谷区千駄ヶ谷1-1-12
Tel・Fax：03-5413-8912
E-mail: ayusoken2021@gmail.com
印刷所　株式会社厚徳社

2021 Printed in Japan
ISBN978-4-909663-44-3
定価はカバーに表示してあります
乱丁・落丁はお取り替え致します